NICK V

INDOMÁVEL

Você já se perguntou: por que comigo?
Este livro o fará perguntar: e por que não comigo?
Uma história sobre acreditar e conseguir.
Sobre saber a que veio — e ultrapassar seus limites.

Tradução
Paulo Polzonoff Jr.

Publicado sob acordo com WaterBrook Press, um selo da Crown Publishing Group, uma divisão da Random House, Inc.
Título original: Unstoppable

1ª Impressão - 2013

Produção Editorial:
Equipe Novo Conceito
Imagem de Capa: © Allen Mozo
Impressão e Acabamento Geográfica 070613

Este livro segue as regras da Nova Ortografia da Língua Portuguesa

Dados Internacionais de Catalogação na Publicação (CIP)
(Câmara Brasileira do Livro, SP, Brasil)

Vujicic, Nick
Indomável / Nick Vujicic ; tradução Paulo Polzonoff Junior. - Ribeirão Preto, SP : Novo Conceito Editora, 2013.

Título original: Unstoppable
ISBN 978-85-8163-046-5

1. Fé 2. Incentivo - Aspectos religiosos - Cristianismo 3. Inspiração - Aspectos religiosos - Cristianismo 4. Sucesso - Aspectos religiosos - Cristianismo I. Título.

13-04391 CDD-248.4

Índices para catálogo sistemático:
1. Vida Cristã : Cristianismo 248.4

Rua Dr. Hugo Fortes, 1885 - Parque Industrial Lagoinha
14095-260 - Ribeirão Preto - SP
www.editoranovoconceito.com.br

Em memória do meu sogro, que
conhecerei no céu, KIYOSHI MIYAHARA.

Dedico este livro à minha esposa,
KANAE LOIDA VUJICIC-MIYAHARA,
meu maior presente e minha alegria
depois da Salvação.

SUMÁRIO

INTRODUÇÃO

BEM-VINDO AO MEU SEGUNDO LIVRO. Meu nome é Nick Vujicic (pronuncia-se *vu-ii-chich*). Mesmo que você não tenha lido meu primeiro livro, *Uma Vida Sem Limites*, você deve ter visto meus vídeos no YouTube ou comparecido a alguma de minhas aparições pelo mundo como palestrante motivacional e evangelista.

Como você provavelmente já sabe e pode ver pela fotografia de capa, nasci sem braços e pernas. O que você não pode ver, mas talvez já tenha percebido, é que a falta de membros não me impediu de aproveitar grandes aventuras, de ter uma carreira importante e que me satisfaz e de ter relacionamentos amorosos. Neste livro, meu objetivo é compartilhar com você o poder imbatível da fé em prática que me ajudou a criar minha maravilhosa vida, apesar da minha deficiência.

Pôr a fé em prática tem a ver com acreditar e conquistar. Tem a ver com ter fé em si mesmo, em seus talentos, seu objetivo e, mais importante, no amor de Deus e nos planos Dele para sua vida.

Este livro foi inspirado por várias pessoas de todas as idades ao redor do mundo que me pediram conselho e orientação ao lidarem com desafios específicos em suas vidas. Elas sabem, graças às minhas palestras, que superei adversidades, incluindo meus pensamentos juvenis de suicídio, a preocupação de ser capaz de me manter e se eu encontraria uma mulher que me amasse, minhas experiências com a violência verbal e física na escola e outros temas e inseguranças que não são exclusivamente meus.

Os temas dos capítulos tratam das questões e dos desafios mais comuns que as pessoas trazem à tona quando falam ou escrevem para mim, entre eles:

» crises pessoais;
» relacionamentos;
» desafios de carreira e emprego;
» preocupações com saúde e deficiências;
» pensamentos autodestrutivos, emoções e vícios;
» bullying, perseguição, crueldade e intolerância;
» lidar com coisas que estão além do controle;
» como estender a mão e ajudar os outros;
» encontrar equilíbrio entre corpo, mente, coração e espírito.

Espero que minhas histórias e as histórias de pessoas que perseveraram em meio às suas próprias provações – muitas bem piores do que a minha – ajudem e o inspirem a superar quaisquer desafios que você enfrente. Não tenho todas as respostas, claro. Mas tive vários conselhos maravilhosos de pessoas sábias, além do amor e bênçãos do meu Pai Celestial.

Acho que você considerará as orientações nestas páginas tanto práticas como inspiradoras. Ao lê-las, é importante ter em mente que você nunca está sozinho. A ajuda está disponível através de seus amigos, familiares, professores, psicólogos e clérigos. Não pense que você tem de lidar com seus problemas sozinho.

Lembre-se também de que há provavelmente muitos outros que enfrentaram os mesmos desafios que você enfrenta. Este livro também trará histórias de pessoas que conheço e de pessoas que me escreveram para compartilhar suas experiências. Em alguns casos, alterei o nome, mas as histórias são autênticas e sempre inspiradoras graças à coragem, fé e perseverança que demonstram.

Quando eu era um menino tentando aceitar minha deficiência, cometi o erro de pensar que ninguém sofria mais do que eu e de que meus problemas eram insuportáveis. Achava que minha falta de membros era uma prova de que Deus não me amava e de que minha vida não tinha propósito. Também sentia que não podia compartilhar meus problemas – até mesmo com aqueles que me amavam e se importavam comigo.

Estava totalmente enganado. Não estava sozinho no meu sofrimento. Na verdade, muitas pessoas lidaram com desafios maiores do que os meus. E Deus não apenas me ama como Ele também me criou com objetivos que eu não podia imaginar quando criança. Ele me usa de formas que continuam a me surpreender e maravilhar a cada dia.

Saiba que, enquanto você está neste planeta, há um objetivo e um plano para você também. Deus o ama e há muitas pessoas ao seu redor – entes queridos e profissionais – dispostos a ajudá-lo com seus problemas. O fardo que você carrega pode parecer assustador, mas você verá nas páginas seguintes que o poder da fé em prática é mesmo inacreditável.

Para começar a entender isso, simplesmente tenha em mente que este homem sem braços e pernas viaja pelo mundo, alcança milhões de pessoas e ao mesmo tempo é abençoado por uma alegria e amor imensuráveis. Sou tão imperfeito quanto qualquer pessoa. Tenho dias bons e ruins. Às vezes os desafios se erguem e se abatem sobre mim. Mas sei que, quando sou fraco, Deus é forte, e que, quando colocamos a fé em prática, somos imbatíveis.

UM

A fé em prática

PERTO DO FIM DA MINHA TURNÊ de palestras de 2011, no México, uma autoridade da embaixada norte-americana na Cidade do México me ligou para dizer que meu visto havia sido suspenso por conta de uma "investigação de segurança nacional".

Moro nos Estados Unidos com esse visto porque nasci na Austrália. Não podia voltar para minha casa na Califórnia sem ele. Como minha equipe estava marcando várias palestras nos Estados Unidos, era um problema sério.

Arrastei-me para a Embaixada dos Estados Unidos com Richie, meu assistente, na manhã do dia seguinte para tentar entender o que meu visto tinha a ver com a segurança nacional. Quando chegamos, encontramos uma enorme recepção cheia de pessoas lidando com seus próprios problemas. Tivemos de pegar uma senha, como numa padaria. A espera foi tanta que tirei uma bela soneca antes que finalmente nos chamassem para que eu falasse com um funcionário.

Quando fico nervoso, volto-me para o humor. Nem sempre funciona. "Há algum problema com minhas impressões digitais no visto?", brinquei. O funcionário da embaixada me encarou. Depois chamou seu supervisor. (Talvez meu senso de humor fosse uma ameaça à segurança dos Estados Unidos?)

O supervisor chegou, também parecendo aborrecido. Imaginei-me numa prisão.

"Seu nome foi citado como parte numa investigação", disse mecanicamente o supervisor. "Você não pode voltar aos Estados Unidos até que tudo esteja esclarecido, e isto levará um mês".

Fiquei lívido. *Isso não pode estar acontecendo!*

Richie caiu no chão. A princípio, pensei que ele havia desmaiado, mas ele havia se ajoelhado, orando diante de duzentas pessoas. Sim, ele é um ótimo assistente. Ele levantou os braços e as mãos, pedindo a Deus por um milagre que nos levasse para casa.

Tudo ao meu redor pareceu acelerado e lento ao mesmo tempo. Com meu coração acelerado, o funcionário da embaixada disse que meu nome provavelmente chamou a atenção por eu viajar bastante pelo mundo.

Eles suspeitavam que eu fosse um terrorista internacional? Um traficante de armas sem braços? Honestamente, não "dei uma mãozinha" a ninguém. (Está vendo o que acontece quando fico nervoso? Detenha-me!)

"Sério, como posso ser perigoso?", perguntei ao funcionário da embaixada. "Vou me encontrar com o presidente do México e sua esposa na casa presidencial amanhã para a Festa dos Três Reis Magos, então obviamente *eles* não me veem como uma ameaça."

O funcionário da embaixada não se comoveu. "Não me importa se você vai se encontrar com o presidente Obama; você não entrará nos Estados Unidos até que a investigação esteja finalizada", disse ele.

A situação seria engraçada se minha agenda não estivesse cheia de palestras nos Estados Unidos da América. Eu tinha de voltar para casa.

Não estava a fim de ficar sentado esperando que alguém decidisse que os norte-americanos estavam em segurança com Nick nas redondezas. Implorei para o funcionário da embaixada durante alguns minutos, explicando meus compromissos, citando o nome de pessoas importantes, dizendo que eu tinha funcionários que contavam comigo e órfãos que precisavam de mim.

Ele verificou com alguém de um posto mais alto pelo telefone. "Tudo o que eles podem fazer é tentar encerrar o processo. E isso ainda levará duas semanas", disse ele.

Eu tinha provavelmente uma dezena de palestras agendadas para as próximas duas semanas. Mas o funcionário da embaixada não foi nada solidário. Tudo o que podíamos fazer naquele momento era voltar ao hotel, onde comecei freneticamente a ligar para todo mundo que eu conhecia para pedir ajuda.

Estava me utilizando do poder da fé em prática.

Simplesmente dizer "eu acredito" em alguma coisa não basta. Se você quer causar impacto neste mundo, precisa pôr suas crenças e fé em prática. Neste caso, usei da minha crença no poder da oração. Liguei para nossa equipe na minha organização sem fins lucrativos Life Without Limbs (LWL), na Califórnia, e pedi que eles começassem uma corrente de oração. "Vamos recorrer a alguém mais alto na cadeia de comando – bem alto!", eu disse.

Minha equipe na LWL fez várias ligações e mandou uma enxurrada de e-mails, tweets e mensagens de texto. Em uma hora, cento e cinquenta pessoas estavam orando por uma solução rápida para o meu problema com o visto. Também liguei para amigos e apoiadores que talvez tivessem influência, parentes, vizinhos e ex-colegas de classe no Departamento de Estado dos Estados Unidos.

Três horas mais tarde, alguém da embaixada no México me ligou. "Não acredito nisso, mas seu nome está limpo", disse o funcionário. "A investigação terminou. Você pode vir pegar seu novo visto amanhã pela manhã."

Isso, meu amigo, é o poder da fé em prática! Ela pode mover montanhas e pode tirar Nick do México também.

AGINDO COM FÉ

Em minhas viagens ao redor do mundo, pessoas com problemas geralmente me pedem conselhos e orações. Normalmente, elas sabem o que precisam fazer, mas têm medo da mudança ou de dar o primeiro passo pedindo ajuda ou confiando em Deus. Você também talvez esteja enfrentando problemas que o deixam se sentindo impotente, amedrontado, paralisado, inseguro e incapaz de agir. Eu entendo. Já passei por isso. Quando adolescentes e jovens se aproximam de mim e dizem que são vítimas de violência física e verbal, que se sentem perdidos e sozinhos no mundo ou que têm medo por causa de deficiências, doenças ou pensamentos autodestrutivos, sei exatamente de onde eles estão vindo.

Meu problema físico é fácil de ver, mas as pessoas só precisam conversar comigo ou me ouvir falar por alguns minutos para perceberem a alegria que tenho apesar da minha deficiência. Então elas costumam me perguntar como me mantenho otimista e onde encontro forças para superar meus problemas. Minha resposta sempre é: "Peço a ajuda de Deus e depois coloco minha fé em prática". Eu tenho fé. Acredito em certas coisas sobre as quais não tenho prova tangível – coisas que não posso ver, saborear, tocar, cheirar ou ouvir. Tenho, principalmente, fé em Deus. Apesar de não poder vê-Lo ou tocá-Lo, acredito que Ele me criou por um motivo e acredito que, quando coloco minha fé e crenças em ação, coloco-me à mercê das bênçãos de Deus.

Se sempre consigo o que *eu* quero? Não! Mas sempre consigo o que *Deus* quer. O mesmo serve para você. Seja você cristão ou não, você nunca deve pensar que simplesmente acreditar em alguma coisa basta. Você pode acreditar nos seus sonhos, mas tem de agir para que eles se tornem realidade. Você pode acreditar nos seus talentos e ter fé em suas habilidades, mas se não os desenvolver e utilizá-los, para que servem? Você pode acreditar que é uma pessoa boa e carinhosa, mas se você não trata os outros com bondade e carinho, onde está a prova?

Você tem uma escolha. Pode ou não acreditar. Mas *se* você acreditar – *no que quer que* você acredite – deve agir de acordo. Senão, por que acreditar? Você pode ter enfrentado problemas em sua carreira, relacionamento ou saúde. Talvez você tenha sido maltratado, abusado ou discriminado. Todas essas coisas que *lhe* aconteceram definem você e sua vida *se* você não agir para se definir. Você pode acreditar nos seus talentos. Pode acreditar que tem amor para dar. Pode acreditar que é capaz de superar sua doença ou deficiência. Mas esta crença em si não trará uma mudança positiva para sua vida.

Você precisa agir.

Se você acredita que pode mudar sua vida para melhor ou causar um impacto positivo na sua cidade, estado ou no mundo, aja de acordo com essas crenças. Se você acha que tem uma boa ideia para começar um negócio, você tem de investir seu tempo, dinheiro e talento para que esse empreendimento aconteça. De outro modo, para que ter a ideia? Se você encontrou alguém com quem gostaria de passar o restante de sua vida, por que não agir de acordo com essa crença? O que você tem a perder?

A FÉ EM PRÁTICA RECOMPENSADA

Ter fé, crenças e convicções é ótimo, mas sua vida é medida pelas ações que você pratica em relação a essas coisas. Você pode criar uma bela vida em torno das coisas nas quais você crê e tem fé. Construí minha vida em torno da minha crença de que posso inspirar e levar esperança às pessoas que têm problemas em suas vidas. Essa crença se baseia na minha fé em Deus. Tenho fé de que Ele me pôs neste mundo para amar, inspirar e encorajar os outros e, principalmente, para ajudar quem está disposto a aceitar Jesus Cristo como Senhor e Salvador. Acredito que jamais poderei conquistar meu lugar no Céu e pela fé aceito o dom do perdão dos pecados por meio de Jesus Cristo. Mas há tanto mais além de "entrar" nos Portões de Pérola. Tem a ver também com enxergar outras pessoas mudadas pelo poder do Seu Espírito Santo, tendo uma relação próxima com Jesus Cristo ao longo da vida e depois ser recompensado no Céu.

Ter nascido sem braços e pernas não foi uma maneira de Deus me punir. Hoje sei disso. Acabei percebendo que essa "deficiência" na verdade reforçava minha capacidade de servir ao propósito Dele como palestrante e evangelista. Você pode se sentir tentado a pensar que estou dando uma grande demonstração de fé por me sentir assim, já que a maioria das pessoas considera minha falta de membros como uma grande deficiência. Ao contrário, Deus usou minha falta de membros para atrair as pessoas até mim, principalmente outras com deficiências, de modo que eu possa inspirar e encorajá-las com minhas mensagens de fé, esperança e amor.

Na Bíblia, Tiago disse que nossas ações, e não nossas palavras, são provas de nossa fé. Ele escreveu em Tiago 2:18: "Mas dirá alguém: Tu tens a fé, e eu tenho as obras; mostra-me a tua fé sem as tuas obras, e eu te mostrarei a minha fé pelas minhas obras".

Ouço isso como se dissesse que nossas *ações* estão para nossa fé e crenças assim como nossos *corpos* estão para nossos espíritos. Seu corpo abriga seu espírito, a evidência de sua existência. Do mesmo modo, suas ações são provas da sua fé e crenças. Você não tem dúvidas ao ouvir a expressão "cumprir o que fala". Sua família, amigos, professores, chefes, colegas, consumidores e clientes esperam que você viva de acordo com as crenças e convicções que você afirma ter. Se você não fizer isso, eles se manifestarão, não?

Nossos semelhantes nos julgam não pelo que dizemos, e sim pelo que fazemos. Se você afirma ser boa mãe e esposa, então às vezes você tem de pôr os interesses de sua família acima dos seus. Se você acredita que seu propósito é compartilhar seus talentos artísticos com o mundo, então você será julgado pelas obras que produz, não por aquelas que apenas propõe. Você tem de cumprir o dito; de outro modo, você não tem credibilidade com os outros – ou com você mesmo – porque você também deveria exigir que suas ações correspondessem às suas palavras. Se não, você nunca viverá em harmonia e com satisfação.

Como cristão, acredito que o juiz final de como vivemos é Deus. A Bíblia nos ensina que o julgamento Dele se baseia em nossas ações, não em palavras. Apocalipse 20:12 diz: "E vi os mortos, grandes e pequenos, que estavam diante de Deus, e abriram-se os livros; e abriu-se outro livro, que é o da vida. E os mortos foram julgados pelas coisas que estavam escritas nos livros, *segundo as suas obras*". Ajo de acordo com minhas crenças viajando pelo mundo e encorajando as pessoas a se amarem e amarem a Deus. Satisfaço-me com esse propósito. Acredito fielmente que foi para isso que fui criado. Quando você agir de acordo com suas crenças e pôr sua fé em prática, você também se sentirá pleno. E, por favor, não se sinta desencorajado se nem sempre tiver certeza do seu propósito e de como age em relação a ele. Eu enfrentei dificuldades. Ainda as enfrento. E você também as enfrentará. Eu fracasso e estou longe da perfeição. Mas os feitos são apenas os frutos – o resultado da real convicção da Verdade. A Verdade é o que nos liberta, não o propósito. Encontrei meu propósito porque estava em busca da Verdade.

É difícil encontrar propósito ou o bem em circunstâncias difíceis, mas esta é a jornada. Por que tem de haver uma jornada? Por que um helicóptero simplesmente não o pega e o leva até o fim da linha? Porque ao longo de tempos difíceis você aprenderá mais, terá mais fé, amará mais a Deus e a seu próximo. É a jornada da fé que começa e termina no amor.

Frederick Douglass, o escravo norte-americano que se tornou ativista social, disse: "Se não há dificuldade, não há progresso". Seu caráter é formado pelos desafios que você enfrenta e supera. Sua coragem aumenta quando você encara seus medos. Sua força e fé são criadas à medida que são testadas na sua experiência de vida.

MINHA FÉ EM PRÁTICA

Descobri repetidas vezes que, quando pedimos a ajuda de Deus e depois agimos, sabendo em nossos corações que Ele está nos observando, não há motivo para termos medo. Meus pais me ensinaram isso, principalmente pela maneira como eles viveram todos os dias. Eles são os maiores exemplos da fé em prática que já conheci.

Apesar de chegar a este planeta sem, como diz minha mãe, "alguns pedaços e peças", fui abençoado de várias, várias maneiras. Meus pais sempre estiveram presentes para mim. Eles não me mimaram. Eles me disciplinaram quando foi preciso e me deram espaço para que eu cometesse meus próprios erros. Eles são, principalmente, maravilhosos exemplos de conduta.

Fui o primeiro filho deles e com certeza uma surpresa. Apesar de todos os exames pré-natais, o médico da minha mãe não detectou nenhum sinal de que eu viria a este mundo sem braços ou pernas. Minha mãe era uma enfermeira com experiência e que havia auxiliado em centenas de partos, então ela tomou todos os cuidados durante a gravidez.

Desnecessário dizer, ela e meu pai ficaram assombrados quando nasci sem os membros. Eles são cristãos devotos. Na verdade, meu pai era um pastor amador. Meus pais oraram por orientação enquanto eu passava por vários exames depois do meu nascimento.

Como todos os bebês, não vim com um manual de instruções, mas meus pais com certeza teriam aceitado um pouco de orientação. Eles não conheciam outros pais cujos filhos nasceram sem membros num mundo projetado para pessoas completas.

A princípio, eles ficaram arrasados, como quaisquer pais ficariam. Raiva, culpa, medo, depressão, desespero – as emoções tomaram conta deles nas primeiras semanas. Muitas lágrimas foram derramadas. Eles sofreram pela criança perfeita que imaginaram, mas não tiveram. E também sofreram porque temiam que minha vida fosse difícil.

Meus pais não podiam imaginar que planos Deus tinha para aquele menino. Mas, depois de se recuperarem do choque inicial, eles decidiram confiar em Deus e pôr a fé deles em prática. Eles desistiram de tentar entender por que Deus lhes deu uma criança daquele jeito. Ao contrário, meus pais se renderam ao plano Dele, qualquer que fosse, e me criaram da melhor maneira possível, da única maneira possível: amando-me um dia de cada vez.

FEITO SOB MEDIDA PARA UM PROPÓSITO

Depois que meus pais exauriram todos os recursos médicos na Austrália, eles buscaram ajuda para mim no Canadá, nos Estados Unidos e em todos os lugares do mundo que ofereciam esperança e informações. Eles nunca encontraram uma boa explicação médica para minha condição, apesar de várias teorias terem surgido. Meus irmãos Aaron e Michelle nasceram anos mais tarde com todos os membros, então um defeito genético não parecia ser o problema.

Depois de algum tempo, o *porquê* da minha criação se tornou menos importante para meus pais do que o *como* da minha sobrevivência. Como aquele menino aprenderia a se mover sem as pernas? Como ele cuidaria de si mesmo? Como iria para a escola? Como ganharia a vida quando adulto? Nada disso me preocupava quando bebê, claro. Não tinha consciência de que meu corpo não era o padrão. Achava que as pessoas ficavam olhando para mim porque eu era adorável. Também acreditava que era indestrutível e imbatível. Meus pobres pais mal podiam conter o medo quando eu rotineiramente me lançava como um saco humano do sofá para o chão, em assentos de carro e pelo jardim.

Você pode imaginar a preocupação deles quando me viram pela primeira vez andando de skate por uma ladeira. *Olhe só, mamãe, sem as mãos!* Apesar de seus esforços para me dar cadeiras de rodas e outros aparatos, eu teimosamente desenvolvi uma abordagem própria de mobilidade. A pele da minha testa ficou grossa como a pele das solas dos pés porque eu insistia em me levantar apoiando-me contra paredes, móveis ou qualquer outro objeto, lentamente empurrando meu corpo para cima.

Para o horror de muitos observadores inocentes, eu também tendia a me lançar em piscinas e lagos depois que descobri que podia nadar e me manter flutuando com um pouco de ar nos pulmões e agitando meu pezinho. Aquele pequeno e útil apêndice se provaria valoroso depois que uma operação foi realizada para separar dois dedos fundidos, permitindo-me manipulá-los com surpreendente destreza. Com o surgimento de celulares e notebooks, podia usar meu pé para escrever, o que também provou ser uma bênção.

Por fim, aprendi a me focar em soluções em vez de nos problemas, fazer em vez de ficar sofrendo. Descobri que, quando agia sobre alguma coisa, havia um efeito "bola de neve". Meu ímpeto e meus poderes para resolver problemas aumentavam. Diz-se que o Universo recompensa a ação, e isso com certeza serve para mim.

Dia após dia, Deus revelou Seus planos para mim. Seus medos e preocupações diminuirão também se você voltá-los para Deus e agir com fé, buscando soluções, ímpeto e confiando que Deus lhe mostrará o caminho.

Você ainda encarará desafios e frustrações. Eles fazem parte da vida. Mas, quando você põe a fé em prática, tende a ser imbatível, vendo os obstáculos como oportunidades de aprendizado e crescimento. Honestamente, eu nem sempre aceito bem os problemas. Às vezes, quando eles surgem, quero perguntar a Deus: "Você já não me deu problemas o bastante?". Mas várias vezes fui capaz de aplicar o que aprendi e de me sair melhor da experiência, por mais difícil que ela fosse.

Tive tantas oportunidades de aprendizado que deveria ser um mestre do Universo agora. Como você deve imaginar, meus maiores problemas ocorreram na adolescência, época da vida em que estamos tentando entender quem somos e como nos encaixamos – ou não – no mundo.

Apesar de ter muitos amigos e de ser popular na escola, houve pessoas que me atormentaram. Mais de uma vez, me deparei com momentos de crueldade. Apesar de meu otimismo natural e espírito determinado, cada vez mais percebia que jamais me pareceria com os outros, nem seria capaz de fazer todas as coisas que as pessoas com corpos normais fazem.

Por mais que eu tentasse fazer piada com minha falta de membros, cada vez mais me sentia atormentado pelo pensamento de que seria um fardo para os que me amavam, porque não seria capaz de me sustentar. Meu outro grande medo era o de que nunca me casasse ou tivesse uma família, porque nenhuma mulher iria querer um homem que não pudesse abraçá-la, protegê-la ou segurar seus filhos.

Naqueles anos da adolescência, preocupava-me constantemente e meus pensamentos tornaram-se sombrios. Não conseguia imaginar por que Deus me criaria para sofrer tamanha privação e solidão. Eu me perguntava se Ele estava me castigando ou se tinha qualquer consciência de mim. *Eu fui um erro? Como um Deus que ama todos os Seus filhos pode ser tão cruel?*

Entre os oito e dez anos, aqueles pensamentos sombrios deram origem a desespero e impulsos destrutivos. Comecei a pensar em suicídio. Percebi-me planejando me jogar de um penhasco ou me afogar na banheira, onde meus pais não tinham mais medo de me deixar depois que aprendi a nadar.

Por fim, tentei o suicídio na banheira quando tinha dez anos de idade. Tentei várias vezes rolar e manter meu rosto na água, mas não consegui me manter assim. Continuava pensando na dor e na culpa que afligiriam meus pais para o restante da vida deles se eu tirasse minha própria vida. Não podia fazer aquilo para eles.

No ponto mais baixo, eu não conseguia ver que minha vida tinha um propósito. Se eu não podia me manter e não era digno do amor de uma mulher, para que eu servia? Meu temor era o de que eu planasse pela vida, solitário e um fardo para minha família. Meu desespero juvenil se baseava numa falta de fé em mim mesmo, no meu propósito e no meu Criador. Não conseguia enxergar meu caminho e assim não acreditava que fosse possível viver uma vida satisfatória e com um objetivo. Como Deus não atendeu meu pedido de um milagre que me desse braços e pernas, perdi a fé Nele também.

Você talvez tenha passado por uma experiência semelhante. Talvez esteja enfrentando um problema agora mesmo. Se sim, por favor, entenda como eu estava errado e como minha visão se tornou limitada pela minha falta de fé. Esqueci-me de que Deus não comete erros e sempre tem um plano para nós.

Nos anos seguintes, Seus planos aos poucos se revelaram a mim e minha vida progrediu de uma maneira que nunca ousei sonhar. Meus pais me encorajaram a contar com meus colegas e a confiar que a maioria deles me aceitaria. Ao fazer isso, descobri que eles na verdade estavam inspirados por minhas histórias de superação da minha deficiência. Alguns até me achavam engraçado! A aceitação deles me motivou a dar palestras em organizações estudantis e grupos de igrejas. A reação positiva às minhas palestras me abriu os olhos. Com o tempo, percebi que meu objetivo de vida era inspirar os outros a superarem seus próprios problemas e aproximá-los de Deus, se estivessem dispostos.

Acabei por acreditar no meu valor próprio. Minha fé em Deus ficou mais forte à medida que eu agia. Quando pus minha fé em prática e embarquei numa carreira como palestrante internacional e evangelista, fui recompensado com uma vida alegre e incrivelmente valiosa que me levou por todo o mundo, apresentando-me para milhões de pessoas e agora para *você!*

NÃO PRECISA DE PROVAS

Você e eu não podemos ver o que Deus tem guardado para nós. Por isso é que você nunca deve acreditar que seus piores temores são seu destino ou que, quando você está deprimido, nunca mais se levantará. Você tem de ter fé em si mesmo, no seu objetivo de vida e no plano de Deus para a sua vida. Depois você deve deixar seus medos e inseguranças de lado e confiar que encontrará seu caminho. Você pode não ter ideia do que está à sua frente, mas é melhor agir sobre a vida do que simplesmente deixar que a vida aja sobre você.

Se você tem fé, não precisa de provas – você a vive. Você não precisa das respostas certas, apenas das perguntas certas. Ninguém sabe o que o futuro lhe reserva. Na maior parte das vezes, o plano de Deus está além da nossa compreensão e em geral até mesmo além da nossa imaginação. Com dez anos, eu jamais acreditaria que, dez anos mais tarde, Deus me enviaria pelo mundo para falar a milhões de pessoas, inspirando-as e as levando a Jesus Cristo. Nem podia saber que o amor da minha família um dia seria igualado e até mesmo superado pelo amor da jovem bela, destemida, espiritualizada e inteligente que recentemente se tornou minha esposa. Aquele menino desesperado ao pensar em seu futuro hoje está em paz como homem. Sei quem sou e dou um passo de cada vez, sabendo que Deus está ao meu lado. Minha vida é abundante de objetivos e amor. Se meus dias são despreocupados? Se todos os dias são abençoados com a luz do Sol e flores? Não, todos sabemos que a vida não é assim. Mas agradeço a Deus por todos os instantes em que me permite seguir pelo caminho que Ele abriu para mim. Você e eu estamos aqui por um motivo. Descobri o meu, e você deveria pensar na minha história como um sinal certo de que seu caminho o aguarda também.

ACREDITANDO E CONQUISTANDO

Quando você aceita, com fé, que encontrará seu objetivo e depois dará um passo atrás do outro no caminho da descoberta, você descobrirá, como descobri, que a visão que Deus tem da sua vida é maior do que você consegue imaginar. Eu, por exemplo, posso nunca receber o milagre de ter braços e pernas, mas já vi várias vezes que posso ser um milagre para alguém. Por meio de minhas experiências, inclusive o desespero que levou à minha tentativa de suicídio, posso me relacionar com os problemas alheios.

Posso ser o milagre que lhe abre os olhos, que o inspira, que lhe dá coragem, que lhe assegura de que você é amado e que o faz progredir para servir a seu propósito.

O AMOR PÕE A FÉ EM PRÁTICA

A fé em prática tem a ver com o amor. Amo-o tanto que me importo o suficiente para servi-lo e ajudá-lo e ouvi-lo, para inspirá-lo e encorajá-lo. Tudo remonta ao amor. Temos o poder de amar sem limites e precisamos ativar esse amor, não apenas para satisfazermos nosso propósito, mas também para exercermos um papel testemunhando todo o mundo em paz e vivendo plenamente. Se sua jornada começa e termina no amor, quero ser parte do amor divino que o acompanha.

O apóstolo Paulo disse: "Ainda que eu falasse as línguas dos homens e dos anjos, e não tivesse amor, seria como o metal que soa ou como o sino que tine. (...) e ainda que tivesse toda a fé, de maneira tal que transportasse os montes, e não tivesse amor, nada seria".

Num mundo que geralmente parece rude e cruel, temos a tendência de ignorar o fato de que Deus nos ama. Ele enviou Seu Filho para pagar o preço e morrer por nós. Ele sempre está lá para nós. Quando você conhece a força de Deus, tudo o que quer fazer é amá-Lo e amar todos ao seu redor. Às vezes você pode se esquecer disso. Sei que me esqueci. Mas descobri que, quando estou mais confuso quanto ao plano de Deus para mim, quando estou em sérias dificuldades para compreender o que devo fazer para servir a Seu propósito, Ele colocará alguém no meu caminho ou criará uma situação para revelar o propósito ou testar se estou cumprindo com minha palavra. Minha experiência com Felipe Camiroaga é um dos mais recentes e emocionantes exemplos disso.

Durante anos, Felipe foi coapresentador de um programa de televisão no Chile que era tão popular quanto o *The Oprah Winfrey Show* era nos Estados Unidos. Ele e Carolina de Moras apresentavam o mais antigo talk show do Chile, *Buenos Dias a Todos*, ou seja, "Bom dia a todos". O programa é o de maior audiência da TVN, rede de televisão estatal chilena. Fui convidado a aparecer nesse programa durante minha segunda visita ao Chile, em setembro de 2011. A entrevista duraria vinte minutos, o que é muito tempo para um convidado, principalmente quando se precisa de um tradutor. Mas meu encontro com Felipe e Carolina acabou durando quarenta minutos, um fato quase inédito para o programa. Melhor ainda, para mim, foi o fato de que meus anfitriões me permitiram falar à vontade sobre o que a fé significa para mim e como a ponho em prática viajando o mundo como evangelista e palestrante inspiracional. Felipe parecia realmente interessado em minha mensagem, o que me surpreendeu.

Eu não o conhecia bem, mas sabia de sua reputação como o mais cobiçado solteirão do Chile – um homem cuja vida amorosa sempre foi de interesse da imprensa. Muitas pessoas pareciam pensar em Felipe apenas como uma celebridade, mas durante nossa entrevista ele fez perguntas sérias sobre temas espirituais.

Ele me perguntou, por exemplo, como conheci Deus. Disse que para isso é preciso fé, que é o ato de acreditar em algo sem que exista uma prova física. Falei que minha fé em Jesus é o caminho para o Céu e a vida eterna. Também confessei para Felipe e Carolina e a audiência deles que sou uma pessoa ambiciosa: noventa anos neste planeta não são o suficiente para mim; quero viver para sempre no Céu. "Mas há uma coisa melhor do que ir para o Céu: encorajar ao menos uma pessoa a me acompanhar", eu disse. "Isto é o que me dá força. Mantenho um par de sapatos no armário porque acredito em milagres, mas não há milagre maior do que ver alguém se aproximando de Deus. Então ore para ter fé e Deus o ajudará, um dia de cada vez".

Ao falar, uma onda de gratidão se abateu sobre mim. Sentia-me grato por ser capaz de expressar minha fé abertamente e durante tanto tempo no programa de Felipe. Também notei que Felipe parecia emocionalmente afetado pelas minhas palavras. Lágrimas se acumulavam em seus olhos. Carolina também parecia ouvir atentamente.

Sou um evangelista, então naturalmente presumi que o interesse deles era uma permissão para falar. Quando me perguntaram se havia limites para a minha fé, respondi que, apesar de não poder dizer que tudo seja possível, "não há limites para a alegria e a paz dentro de mim, não importa o que me aconteça". Queria poder dizer às pessoas que, se elas amam Deus, tudo ficará bem. A verdade é que as pessoas ainda sofrem. Elas enfrentam doenças, problemas financeiros, relacionamentos frustrados e a perda de entes queridos. Tragédias ocorrem cotidianamente, e acredito que elas foram feitas para que aprendamos com elas. Tenho esperança de que, quando pessoas que estão sofrendo virem que tenho uma vida feliz, elas pensarão:

"Se Nick, sem pernas e braços, sente-se grato, então ficarei grato pelo dia de hoje e farei meu melhor".

Disse a Carolina e Felipe que passara apuros havia alguns meses (sobre os quais falarei mais adiante). "Sei sempre que Deus está ali, mas Ele ainda me confunde às vezes. É difícil quando você atravessa um vale. Apenas lembre-se: 'Vou aprender algo neste vale que de outro modo não aprenderia e sou quem sou hoje por causa das coisas pelas quais passei'", disse-lhes.

Você também talvez tenha se sentido assombrado por acontecimentos e confuso por como algo pode fazer parte do plano que Deus tem para você. Como disse naquele dia para meus anfitriões na TV, é possível atravessar os tempos mais difíceis caminhando na fé um passo de cada vez, sabendo que todos os dias, cada vez que se respira, e todos os momentos são um presente de Deus, sendo grato o tempo todo a Ele. "O maior perigo é pensar que você não precisa de Deus", eu disse.

Durante todo o tempo em que falava, estava maravilhado com o fato de não haver ninguém sinalizando para que meus anfitriões me interrompessem, me agradecessem e me mandassem embora. Em determinado momento, Felipe trouxe uma bola de futebol e me pediu para demonstrar minhas habilidades com a bola que, como você pode imaginar, se limitam a cabeçadas e chutinhos.

Para minha incredulidade, eles também tocaram todo o meu clipe musical que havia sido lançado recentemente. Por fim, quando o programa terminou, senti-me tão grato por tudo o que eles me deram que passei cinco minutos agradecendo Felipe e Carolina e todos os seus espectadores. Depois orei por eles e pedi ao Espírito Santo que se manifestasse, tocasse seus corações e lhes desse força, paz e o consolo de saberem que Deus os ama, que tem um plano para eles e sempre estará com eles. Também pedi a Jesus que nos ajudasse a termos fé e a acreditarmos Nele.

Novamente continuei esperando que alguém surgisse no cenário com um gancho para me tirar do palco, mas isso não aconteceu. Sério,

tive tanto tempo de exposição que comecei a me perguntar se meus pais, primos ou outras pessoas que me apoiavam secretamente invadiram o estúdio, tomaram de assalto o lugar do diretor e controlaram as câmeras. Mais tarde ficaria sabendo que o diretor do programa era cristão e um fã, e que ele disse à equipe para seguirem com o programa. Depois o diretor chorou e me agradeceu carinhosamente. Eles disseram que nunca tiveram um retorno tão positivo com telefonemas, agradecendo à TVN por permitir que eu compartilhasse minha história.

GUIADO PELA FÉ

Minha aparição no programa matinal de Felipe e Carolina foi uma experiência tão boa que ainda estava empolgado à tarde ao voltar para meu hotel. Estava animado, por isso liguei a música e fiquei navegando pela internet. Então o telefone do hotel tocou. Era a minha intérprete no programa. Ela disse que houvera um acidente e que eu tinha de ver o noticiário imediatamente. Um aviso de notícia urgente apareceu, e eles mostraram a foto de Felipe e o local de um acidente de avião. Entendia espanhol o bastante para compreender que o acidente fora numa ilha remota, e, para meu horror, Felipe era um dos 21 passageiros a bordo, juntamente com outros funcionários da TVN.

Equipes de busca foram enviadas. O acidente ocorreu no arquipélago Juan Fernández, a centenas de quilômetros da costa do Chile, por isso os repórteres estavam reticentes. Ninguém sabia ainda se havia sobreviventes. Felipe estava entre os cinco funcionários da TVN que foram enviados à ilha para filmar uma reportagem sobre os esforços de reconstrução desde que um terremoto e tsunami varreram a principal cidade da ilha em 2010. Os repórteres chilenos disseram que o avião da Força Aérea do Chile no qual eles estavam tentara pousar duas vezes com o tempo ruim antes de bater. Bagagens e outros destroços foram encontrados no oceano, perto da pista de pouso da ilha.

Ao assistir à reportagem sobre o acidente e os esforços de buscas, senti-me mal. Conhecia Felipe há apenas algumas horas, mas ainda assim podia dizer que ele se sentira afetado por nossa discussão a respeito da fé. Ele parecia verdadeiramente emocionado quando falei sobre ambicionar uma vida longa na Terra e sobre meu desejo de uma vida eterna com Deus. O caráter das perguntas dele e do seu olhar, assim como sua reação emotiva, deram-me a sensação de que aquele homem estava em busca de uma vida mais espiritualizada. Só conseguia pensar em Felipe e nas outras pessoas no avião e no sofrimento de suas famílias e entes queridos. Orei por eles. Era difícil prestar atenção em outra coisa, mas tinha me comprometido meses antes a falar na noite seguinte para cinco mil pessoas, então tinha de me preparar para isso, apesar da tragédia.

A imprensa chamou minha aparição no programa de Felipe de "a última entrevista", e todas as estações a estavam reproduzindo quando não transmitiam os repórteres em meio à operação de busca e resgate. Horas se passaram sem notícias de sobreviventes. Primeiro eles encontraram apenas destroços e depois descobrimos que os corpos foram encontrados um a um, sem serem ainda identificados.

Mais tarde, um executivo da TVN entrou em contato comigo e me perguntou se eu podia voltar à estação para liderar uma oração televisionada pelas pessoas do avião e por seus familiares, amigos e colegas de trabalho. Concordei, mas me perguntava como podia lhes oferecer esperança e ao mesmo tempo abrir espaço para o luto. Ainda não havíamos ouvido notícia de sobreviventes tampouco se todos os passageiros haviam sido encontrados. Na oração televisionada pela TVN, notei que, quando vi as notícias do acidente pela primeira vez, disse a alguém: "Graças a Deus que existe o Céu". Sentia pena daqueles que morreram ou sofreram com o acidente aéreo, mas me consolava com a crença de que eles encontrariam a paz e o amor de Deus na próxima vida. "O Céu é real e Deus é real, então temos de garantir que nossa caminhada com Ele também seja real", disse em minha mensagem.

"Vamos passar por isso do mesmo modo que meus pais me ensinaram a viver: um dia de cada vez e com Cristo ao nosso lado".

SEUS PLANOS REVELADOS

Quando concluí minha aparição diante das câmeras, os executivos da TVN me pediram para falar para a equipe de quase 300 pessoas. Tive de recorrer a todas as minhas forças para me conter diante do grupo em luto que temia ter perdido seus colegas no acidente. Estava emocionado também, principalmente depois que a mulher que serviu de intérprete com Felipe e Carolina se aproximou e me abraçou, chorando. Ela considerava Felipe um exemplo de vida, alguém que ela admirava muito, e estava muito perturbada.

Depois de consolá-la e orar com ela, um diretor da TVN me puxou de lado. "Nick, quero que você saiba o que aconteceu com Felipe depois do seu programa ontem", disse ele. Fiquei atordoado porque ele parecia até animado em meio ao ambiente sombrio, mas, quando me contou sua história, entendi seu sentimento de alegria. Aquele era o mesmo cristão que dirigira minha aparição no dia anterior e que permitiu que minha entrevista fosse duas vezes mais longa do que o previsto. Ele me disse que minha interpretação quanto a Felipe naquele dia fora precisa. A celebridade estava numa busca espiritual há tempos, tentando encontrar um caminho que levasse a Deus.

O diretor disse que discutira várias vezes questões de fé com Felipe, na esperança de aproximá-lo do Senhor. Felipe estava mais perto de aceitar Jesus em seu coração, mas ainda não se comprometera. O diretor havia muito dissera a Felipe que um dia esperava se tornar um pregador em tempo integral para que pudesse falar aos necessitados do Chile. Depois da minha aparição no programa, Felipe disse que finalmente conseguiu ver o valor naquela mudança de carreira.

O diretor disse que eu talvez tenha ajudado Felipe a se aproximar de Deus horas antes do acidente de avião. Ao ouvir isso, agradeci a Deus mais uma vez por revelar Seus planos para mim. É bom pensar que posso ter sido um instrumento nas mãos Dele, usado para ajudar os outros.

OPORTUNIDADES APROVEITADAS

Mais tarde, naquela noite, estava falando há alguns minutos diante de cinco mil pessoas na Movistar Arena, em Santiago, quando uma mulher entrou no palco e sussurrou em meu ouvido que o governo havia oficialmente anunciado que a tripulação e todos os 21 passageiros a bordo do avião de Felipe haviam morrido no acidente.

Ocasiões como esta podem nos parecer injustas. Quando se deparar com a morte de um amigo ou ente querido, com a doença, relacionamentos rompidos ou crises financeiras, você não deve culpar Deus. Ao contrário, opte por ter fé. Saiba que ele o consolará com alegria, paz, força e amor.

Sofri pela perda das vidas e meu coração esteve com os familiares dos mortos no acidente de avião. Mas me sentia grato pelo fato de que meu testemunho e minhas respostas às perguntas de Felipe durante nossa entrevista talvez o tenham ajudado a se aproximar um pouco em seu caminho para a salvação eterna.

Depois de ficar sabendo que não havia sobreviventes no acidente aéreo, parei por um instante e compartilhei a notícia com a plateia. Os homens e mulheres se consolaram. Muitos choraram mansamente nos ombros da pessoa ao lado. Pedi a todos que se juntassem a mim numa oração pelas famílias e amigos das vítimas, por todo o pessoal da TVN e por todos os chilenos que nos anos recentes viveram acidentes de avião, terremotos e o colapso de uma mina que prendeu 33 mineiros debaixo da terra em minha primeira visita a este país havia apenas um ano. Depois contei à plateia sobre a maravilhosa entrevista que eu dera a Felipe e Carolina no dia anterior. Disse-lhe que eles foram generosos por estenderem a entrevista de vinte para quarenta minutos. E dividi com eles esta reflexão: “Não sabia que a primeira vez que me encontrei com Felipe também seria a última”.

É um pensamento agridoce. Amargo porque Felipe e eu estabelecemos uma conexão naquele dia, e eu queria discutir com ele a fé de uma maneira mais profunda algum dia. Agora não teria esta oportunidade. E doce porque não perdi a minha oportunidade mais importante com Felipe. Sou um homem de fé e agi de acordo com esta, proclamando-a e compartilhando minhas crenças com Felipe quando ele me fez perguntas. Não hesitei. Acredito que meu propósito é levar o máximo de almas até Deus e agi de acordo com este propósito.

Sinto muito por Felipe e os outros a bordo do avião não estarem mais conosco, mas não me arrependo da minha interação com o apresentador de televisão. Na verdade, sinto-me abençoado por Deus ter permitido que eu compartilhasse minha fé.

Você nunca deve perder a oportunidade de agir de acordo com sua fé e crenças porque você pode ser a última pessoa a influenciar alguém, a lhe dar coragem e inspirá-lo. Ninguém de nós sabe quando chegará nossa hora de partir desta vida para a próxima. Por isso é que você deve definir seu propósito na vida. Decida o que você sabe com base em fatos e também no que você acredita com base na fé. Depois aja para cumprir seu propósito de acordo com essas convicções. Você nunca se arrependerá de viver assim.

Expus minha fé e crenças para Felipe, Carolina e seus milhões de espectadores. Disse a eles exatamente como me sentia e por que me sentia daquela maneira. Admiti que nem sempre era forte, que tinha dúvidas às vezes e que também me sentia confuso. Minha fé é forte, mas às vezes é difícil ver claramente como tudo tem um propósito. Mas aceitar a jornada e acreditar que você não está sozinho é o que tento ensinar aos outros.

Não me arrependo de me abrir e expor minha fé. Seja qual for o propósito a que você pretende servir, você deveria fazer o mesmo. Quando você põe sua fé e crenças em prática, descobre a vida para a qual você foi criado.

DOIS

Erguendo-se de uma queda

AINDA NÃO COMPLETEI TRINTA ANOS, mas já consegui criar uma vida de realização. Minha organização evangelizadora sem fins lucrativos (Life Without Limbs) e meu empreendimento de DVDs e palestras motivacionais (Attitude is Altitude) me levaram ao redor do mundo para servir aos outros. Nos últimos sete anos, falei para mais de quatro milhões de pessoas, fazendo 270 aparições por ano e cruzando o globo e visitando 43 países.

Mas, em dezembro de 2010, encontrei um obstáculo.

Às vezes, quando a vida parece fluir e você está agindo com força total, surge um obstáculo em seu caminho e *bam!* Assim que você percebe, seus amigos e familiares estão reunidos ao redor da sua cama, acariciando-lhe os cabelos, batendo em seus ombros e lhe dizendo que tudo ficará bem.

Você já passou por isso também? Talvez você esteja passando por isso, deitado e se sentindo como diz a velha canção de blues: "Been down so long it looks like up to me" (Estive no fundo do poço por tanto tempo que parece o alto para mim).

Conheço bem essa sensação. Na verdade, em minhas palestras geralmente encorajo minha plateia a fazer o que for preciso para lutar contra a adversidade, demonstrando meu método de me erguer sem braços nem pernas. Eu deito com a barriga para baixo e depois aplico meu movimento registrado de testa-impulso-levantamento para retornar à posição vertical. Depois digo à plateia que sempre que parece não haver uma saída, há sempre uma saída. Ao longo dos anos, desenvolvi um pescoço, ombros e peito fortes por me erguer dessa maneira.

Há momentos em que tenho dificuldades para me erguer de um obstáculo. Uma grande crise como um problema financeiro sério, um emprego perdido, um relacionamento rompido ou a perda de um ente querido pode ser difícil para qualquer um. Mesmo um problema menor pode parecer assombroso se você já está ferido ou vulnerável. Se você se percebe com mais dificuldades do que o normal com um desafio, meu plano de recuperação recomendado é agradecer àqueles que se importam com você, ter paciência com seus próprios sentimentos, fazer o melhor para compreender a realidade em relação às emoções em jogo e pôr sua fé em prática. Por mais difícil que pareça, progrida um passo por vez, dia após dia, sabendo que haverá lições valiosas a ser aprendidas e força a ser conquistada a cada teste. Há certa paz em saber que há um plano maior para a sua vida e que seu valor, propósito e destino não são determinados pelo que acontece a você, e sim por suas reações.

ACIONANDO O PODER

Minha ideia de colocar a fé em prática durante períodos de crise ou desafios extremos tem três aspectos. Primeiro, você precisa fazer ajustes internos para gerenciar suas emoções de modo que elas não o dominem. Isso permitirá que você controle sua vida e reaja com inteligência um passo de cada vez. Depois, lembre-se de como você perseverou durante a adversidade no passo e saiu dela mais forte e sábio. Por fim, ponha sua fé em prática externamente estendendo a mão, e não apenas buscando a ajuda e o encorajamento dos outros, e sim os ajudando e os encorajando também. Há um poder de cura em dar e receber.

Minha crise recente me deixou mal por muito tempo, mais do que nunca na minha vida adulta. A experiência me lembrou mais uma vez de que ter fé não é o bastante: você precisa viver sua fé colocando-a em prática dia após dia.

Estou prestes a expor minha alma a você, citando minha reação inicial a uma situação difícil como um bom exemplo de um mau exemplo. Vou compartilhar minha dor para poupá-lo de tormentos semelhantes. Mas você tem de me prometer que vai compreender essa lição com o coração, porque não é fácil escrever sobre isso. Certo, amigo?

Apesar de eu não desejar dificuldades para ninguém, grandes crises parecem fazer parte da vida. Gosto de acreditar que trechos difíceis existem para me ensinar coisas para mim mesmo, como a força do meu caráter e a profundidade da minha fé. Você provavelmente já teve suas crises, e tenho certeza de que aprendeu suas lições. Crises pessoais, profissionais ou financeiras são comuns e geralmente difíceis de se recuperar emocionalmente. Mas, se você enxergar tempos difíceis como oportunidades de aprendizado e crescimento, provavelmente se recuperará mais forte e com mais rapidez. Se seu desespero não se esvai num prazo razoável, ou se você se sente deprimido durante um longo tempo, por favor, procure ajuda de alguém em quem confia ou um profissional. Algumas formas de trauma emocional exigem ajuda profissional. Não há vergonha em recorrer à ajuda de um especialista. Milhões de pessoas se curaram de depressão desse modo.

A tristeza paralisante, o desespero e dor causados por tempos difíceis ou tragédias podem atingir qualquer pessoa. Eventos inesperados e estressantes podem fazer com que nos sintamos assustados e emocionalmente abatidos e feridos. É importante que você não se isole nessas situações. Permita que sua família e amigos o consolem. Tenha paciência com eles e consigo mesmo. A cura exige tempo. Poucas pessoas conseguem simplesmente "dar a volta por cima", então não espere que isso aconteça. Saiba que você precisa se esforçar para se curar. Você precisa acionar o interruptor e usar a potência que há dentro de você, incluindo sua disposição e o poder da sua fé.

CURANDO VELHAS FERIDAS

Quando você está superestressado, sentimental e incapaz de seguir adiante porque alguma coisa ocorreu, é importante separar o que aconteceu a você do que está acontecendo *dentro* de você. Todos temos cicatrizes emocionais de experiências passadas. Às vezes, essas cicatrizes não se curam de todo; assim, quando você enfrenta dificuldades, as velhas feridas se abrem novamente. A dor que sente é agravada por mágoas passadas e inseguranças reacesas. Se você sente que pode estar agindo de forma exagerada a uma situação ruim, ou se sente com medo e incapaz de lidar com o problema, você deveria se perguntar "*Por que isto está me atingindo com tanta força? Estou reagindo desta maneira por conta do que está mesmo ocorrendo ou estou reagindo com tanta força por coisas que me ocorreram no passado?*".

Lembrei-me da importância de analisar meus sentimentos e o impacto deles nas minhas ações no fim de 2010. Olhando para trás, vejo hoje que aquele caminho acidentado por onde eu andava não era uma grande calamidade. Simplesmente parecia assim porque eu estava espiritual, mental e emocionalmente exausto de tanto trabalhar e viajar. Essa foi a primeira vez que meu empreendimento sofria problemas financeiros. Ironicamente, o problema que me deixou tão para baixo surgiu na empresa Attitude is Altitude, que vende minhas palestras e DVDs motivacionais. A empresa vivera uma fase de expansão mesmo durante a recessão, por isso contratei mais pessoas e expandi as operações. Achava que a empresa estava bem, por isso fiquei surpreso quando minha equipe me disse que eles estavam com dificuldades para manter a folha de pagamento e as contas. Estávamos bem, a despeito da situação econômica, mas de repente grandes clientes que nos deviam dinheiro por DVDs e palestras estavam ou demorando para pagar ou não nos pagando. O dinheiro com que contávamos não havia entrado e essa era grande parte do problema.

O outro grande fator era este cara teimoso chamado Nick Vujicic. Há muito tempo queria fazer um vídeo musical cristão como item inspiracional para vender. Quando os negócios estavam prosperando e meu primeiro livro estava alcançando as listas dos mais vendidos pelo mundo, senti-me muito otimista em relação ao futuro. Por isso decidi fazer o vídeo musical como um produto da Attitude is Altitude. Entre os problemas de fluxo de caixa e os custos do vídeo musical, que foram maiores do que o esperado, nossa empresa tinha uma dívida de 50 mil dólares. Corríamos a 200 km/h, e, de repente, tive de pisar no freio. Isso não é um exagero. Tínhamos dezessete projetos em andamento, e cancelei ou adiei quase todos. Disse à equipe que estávamos acionando o "modo de sobrevivência". Esses problemas são comuns em empresas com crescimento rápido, principalmente quando a economia está em recessão. Mas esses acontecimentos me pegaram de surpresa. Fui atingido pela culpa. Queria tanto satisfazer meu propósito de inspirar e evangelizar as pessoas ao redor do mundo que exagerei. Só porque tinha os recursos e uma boa ideia não significava que a hora era a mais adequada. Estava operando no tempo do Nick, e não no tempo de Deus.

Quando percebi que a empresa estava com dívidas, fui consumido pela sensação de que decepcionara todas as pessoas que trabalhavam para mim e todos aqueles que acreditavam em mim. Novamente, o tamanho do meu desespero era desproporcional à magnitude do problema. Fiquei tão desolado que mal conseguia viver, e isso não foi só por um ou dois dias.

Meu desespero durou mais de um mês. Levei quase dois meses para me livrar totalmente do desespero. Perdi a confiança em mim mesmo e, fico triste em dizer, também me perdi. Internalizei a frustração e o conflito.

Voltei a ser o menino frágil e inseguro que fui um dia. Não conseguia impedir os pensamentos negativos. *Será que me desviei dos planos de Deus para mim? Quem sou eu para dar conselhos, inspiração e orientação espiritual para as pessoas ao redor do mundo? Se eu não fosse um palestrante e evangelista, o que seria? Que valor eu tinha?* Continuava retornando às minhas piores inseguranças infantis. Os problemas financeiros, que eram apenas problemas de fluxo de caixa de curto prazo, despertaram meus medos antigos de ser um fardo para meus pais e irmãos.

Como você pode imaginar, meus pais ficaram muito preocupados quando me mudei para os Estados Unidos sozinho aos vinte e quatro anos. Estava determinado a provar minha independência e a seguir meu sonho de ser um evangelista e palestrante internacional. Desde então, se passara muito tempo desde que realizei meu sonho e provei minha independência. Na verdade, meus pais decidiram se mudar para os Estados Unidos, de modo que meu pai, que era um ótimo contador, pudesse trabalhar na minha empresa.

A coisa mais difícil que tive de fazer depois de descobrir os problemas financeiros da Attitude is Altitude foi acalmar meu pai e lhe dizer que ele estava prestes a entrar para uma empresa com dívidas. Ele tomara a decisão de se mudar para os Estados Unidos sem saber no que estava entrando. Senti que o decepcionara.

Sempre fui mais sonhador e muito mais impulsivo do que meu pai, que é muito prático e analítico. Ele e minha mãe me alertaram, antes que eu me mudasse para os Estados Unidos, de que eu precisava tomar cuidado com meu dinheiro. Eu estava com problemas justamente agora que eles estavam prestes a entrar no negócio. Também tinha medo de que as pessoas pensassem que meus pais estavam vindo me salvar, salvar o filho deles sem braços nem pernas – e sem dinheiro!

Para piorar ainda mais as coisas, contratei um dos meus primos para trabalhar na Attitude is Altitude, de modo que ele aprendesse a começar um negócio. Tinha medo de que ele achasse que foi aprendiz de um perdedor.

Foi difícil lidar com aqueles pensamentos negativos. Meus velhos temores de fracasso e de ser um fardo me tomaram de assalto como um enxame de insetos. Estava trabalhando duro e, com o lançamento do meu primeiro livro, finalmente começava a ver a luz no fim do túnel. E foi então que a luz se apagou.

O LADO SOMBRIO

A depressão se abateu sobre mim. Não queria sair da cama. Mesmo sentindo que não estava em condições de oferecer motivação e inspiração a ninguém, eu tinha de cumprir várias obrigações como palestrante. Nunca me esquecerei daquelas apresentações porque só as cumpri com a graça e misericórdia de Deus. Chorei durante duas horas, por desespero, antes de falar num seminário motivacional. Um amigo estava comigo durante esse ataque de choro e depois assistiu à palestra. Ele disse que foi a melhor palestra que já tinha dado! Só acreditei nele depois de ver uma gravação mais tarde. Eu não estava operando sob meu poder; Deus é que estava trabalhando naquela noite.

Passei por aquela apresentação, mas, no dia seguinte, o desespero se abateu sobre mim mais uma vez. Não conseguia comer. Não conseguia dormir. A ansiedade tomava conta de mim dia e noite. Era uma coisa louca, cara. Coisas estranhas aconteceram comigo. Quando criança, tinha um hábito nervoso de morder meu lábio. Comecei a fazer aquilo novamente! O que era aquilo? Eu me revirava a noite toda e acordava com o lábio dolorido e inchado, e meu peito e estômago revirados.

Mais estranho do que tudo, passaram-se quatro ou cinco dias antes que eu pensasse em orar. Oro habitualmente. Minha incapacidade de orar me assustou. Enquanto os dias se passavam sem uma única oração saindo da minha boca, comecei a me preocupar tanto com minha alma quanto com minha sanidade.

Minha paralisia mental me tornou incapaz de tomar até mesmo as menores decisões. Normalmente eu passava o dia tomando várias decisões importantes quanto à minha agenda, projetos e outros negócios. Durante esse tempo difícil, eu não conseguia decidir se saía da cama ou se deveria tentar comer.

Minha letargia era humilhante, para dizer o mínimo. Foi como se eu tivesse me tornado outra pessoa. Certo dia, um grupo de funcionários da Attitude is Altitude se reuniu em minha casa, e me percebi tentando explicar a transformação.

"O Nick que vocês conheceram, sonhador e realizador, está morto", disse-lhes, chorando. "Ele morreu. Desculpe por decepcioná-los". Os mais próximos de mim – meus pais, irmão, irmã, amigos e conselheiros – fizeram o máximo para me consolar no começo; depois que continuei atolado no desespero, eles se reuniram ao meu redor, tentando me tirar daquela situação. Eles me seguraram, me abraçaram e me tranquilizaram. Os membros da minha equipe de ministério foram sempre generosos, dando-me espaço para compartilhar piadas, sorrisos e abraços para me encorajar. Eles até mesmo me citaram para mim mesmo: "Nick, você sempre diz que, desde que possa olhar para cima, pode se levantar. Assista aos seus DVDs e vídeos, lembre-se daquilo que você já sabe!", sugeriram. "Há uma lição nisso tudo. Você vai passar por isso e sairá mais forte do que nunca. Deus tem um motivo!".

Era tão surreal alguém citar minhas próprias palavras para tentar elevar meu ânimo. Mas eles tinham razão. Eu só precisava me lembrar das mesmas coisas que eu dizia aos outros. Eu era a personificação de alguém cuja fé estava se perdendo em ação. Minha culpa e vergonha pelos problemas financeiros fizeram com que eu questionasse meu valor, propósito e caminho. Eu não duvidava da perfeição de Deus. Simplesmente não conseguia acessar minhas crenças por causa do meu desespero.

Outra pessoa que tentou me ajudar foi um amigo de Dallas, dr. Raymund King, que é advogado e também médico. Ele arranjou para que eu falasse num seminário médico, e eu não queria decepcioná-lo. Mas, quando cheguei, ele viu que eu estava emocional e fisicamente esgotado.

"Você tem de cuidar de si mesmo primeiro", disse ele. "Sem saúde você perderá aquilo pelo que tanto trabalhou". Com cuidado, ele me tirou de lado e me aconselhou sobre ter prioridades e depois fez uma oração simples comigo e me abraçou. Foi difícil chegar lá, mas as palavras do dr. King fizeram efeito. Talvez tenha sido o melhor discurso motivacional que já recebi. Suas palavras permaneceram comigo porque ele obviamente estava preocupado comigo.

A conversa com ele me lembrou de uma conversa que meu próprio pai teve comigo quando eu tinha apenas seis anos. Eu tinha a tendência de ser descuidado e exagerado quando se tratava de me arrastar por aí. Machuquei-me na companhia de um colega de classe que me ofereceu uma mordida de banana quando eu estava sentado na minha cadeira de rodas. Lancei-me para a frente para mordê-la como um macaco e no processo caí da cadeira e bati a cabeça com tanta força que perdi momentaneamente os sentidos.

A preocupação do meu pai era emocionante, e sempre me lembrarei das palavras dele: "Filho, você sempre terá outra banana, mas nós nunca teremos outro Nicky, por isso você precisa tomar mais cuidado".

Como meu pai, o dr. King me levou a avaliar minhas ações e o impacto delas na minha vida. Eu estava me afundando porque pensava que o sucesso dos meus empreendimentos dependia de mim quando, na verdade, eu deveria ter confiado em Deus e contado mais com Sua força, vontade e seu tempo.

Essa falta de humildade e fé levaram ao meu colapso e à perda de alegria na minha vida por um breve período. Comecei a ver minhas palestras como compromissos em vez de vê-las como um propósito. Como temia que não seria capaz de dar o que os alunos sofridos precisavam, até mesmo me recusei a falar numa escola onde houvera o suicídio de um aluno. Chorei depois de recusar essa oportunidade porque falar é minha paixão e ajudar os outros é minha fonte de alegria.

LIÇÕES REVELADAS

Queria poder lhe dizer que, certa manhã, acordei com a cabeça limpa e o espírito renovado, saltei da cama e anunciei "Estou de volta!". Desculpe, mas não aconteceu assim e, se você também passar por um período difícil, talvez tampouco saia dele rapidamente. Simplesmente saiba que dias melhores virão e que isso também passará.

Meu retorno aconteceu lentamente, dia após dia e ao longo de alguns meses. Espero que sua recuperação seja mais rápida, mas há benefícios num recomeço gradual. À medida que a névoa do desespero se dissipava bem devagar, agradecia a cada raio de luz que a atravessava. Mais do que isso, depois que minha mente começou a se livrar dos pensamentos derrotistas, apreciei o tempo que tive para refletir e contemplar minha queda no abismo.

Não deveria nem lhe dizer que pôr sua fé em prática não é um exercício passivo. Você deve ativamente dar os passos necessários para localizar e seguir o caminho que Deus criou para você. Quando você se desvia do caminho, como aconteceu comigo neste exemplo, em determinado ponto você tem de se perguntar o que aconteceu, por que aconteceu e o que você precisa fazer para voltar à sua jornada de fé e propósito.

Os piores momentos que testam sua fé podem ser os melhores momentos para renová-la e colocá-la em prática. Um sábio treinador de futebol certa vez me disse que ele valoriza as derrotas tanto quanto as vitórias, porque as derrotas revelam pontos fracos que provavelmente sempre existiram e precisavam ser resolvidos se a equipe quisesse ter sucesso de longo prazo. As derrotas também motivavam seus jogadores a melhorarem as habilidades que eles precisavam dominar a fim de ganhar.

Quando sua vida está indo bem, a tendência natural é não parar para avaliá-la. A maioria de nós apenas para e examina suas vidas, carreiras e relações quando não está obtendo os resultados desejados. A cada obstáculo, fracasso e derrota, há lições valiosas a serem aprendidas e até mesmo bênçãos a serem alcançadas.

Nos primórdios do meu desespero por conta da dívida da minha empresa, eu não estava com ânimo para procurar as lições. Mas elas me encontraram com o tempo, e as bênçãos se revelaram também. Não gosto de refletir sobre aquele período, mas me obrigo a revisitá-lo porque novas camadas se revelam e novas lições emergem a cada lembrança. Eu o encorajo a procurar as lições contidas em cada um de seus desafios. Você pode se sentir tentado a deixar os tempos difíceis para trás e fora de sua mente. Ninguém gosta de se sentir vulnerável. Certamente não é divertido me lembrar de como fiquei atolado na tristeza e na piedade e de como reagi exageradamente ao que se provou ser um obstáculo temporário.

Ainda assim, uma das melhores maneiras de extrair a dor de experiências passadas é substituir a mágoa pela gratidão. A Bíblia nos diz que "todas as coisas dão certo para aqueles que amam Deus, para aqueles que são chamados de acordo com seu propósito".

Meu tio Batta Vujicic, que enfrentou graves problemas em sua imobiliária, me ajudou várias vezes apenas repetindo seu mantra de fé: "Tudo é positivo". Meus jovens primos dão mais sabor a isso, dizendo: "Cara, tá tudo sussa!".

PERCEPÇÃO *VERSUS* REALIDADE

Durante meu colapso, enfrentei algo que você talvez tenha notado em seus próprios desafios. À medida que o estresse reabriu feridas e inseguranças, minha percepção do que estava acontecendo se tornou muito pior do que a realidade da situação. Uma dica de que sua reação não está em sincronia com a situação é o uso de expressões exageradas como:

Isto está me matando.

Eu nunca *me recuperarei disso!*

Isto é absolutamente a pior coisa que me aconteceu.

Por que Deus me odeia?

E há ainda a sempre popular: *Minha vida está destruída* – para sempre!

Não admitirei que eu tenha dito quaisquer dessas coisas durante meus problemas recentes, mas algumas pessoas próximas talvez tenham ouvido lamentações semelhantes (ou piores!).

Novamente, tenho a honra de lhe dar um bom exemplo de um mau exemplo com meu comportamento. O uso da linguagem exagerada deveria ter servido como um alerta de que meu desespero era também exagerado.

Eis aqui minha percepção do que estava acontecendo: *Sou um fracasso! Vou falir! Meus piores medos se concretizaram! Não serei capaz de me sustentar! Sou um fardo para os meus pais! Não mereço amor!*

Eis a realidade do que estava acontecendo: minha empresa estava vivendo um problema temporário de fluxo de caixa durante uma recessão econômica. Tínhamos uma dívida de cinquenta mil dólares, o que não era nada bom. Mas certamente não era uma dívida avassaladora, levando em consideração o prospecto de crescimento na demanda global dos nossos produtos e serviços. Estudei contabilidade e planejamento financeiro na faculdade, e economia fazia parte do currículo. Sabia tudo sobre oferta, demanda e fluxo de caixa, mas o que eu sabia estava ofuscado pelo que eu sentia.

Você pode ter sentido algo semelhante e exagerado, ainda que sua situação não fosse tão devastadora quanto parecia. Nossa visão pode ser afetada por nossos sentimentos e, em meio ao desespero, pode ser difícil ver as coisas realisticamente.

MANTENDO A PERSPECTIVA

Uma das lições que aprendi é que você tem de manter as coisas em perspectiva, mesmo quando está em meio a uma crise pessoal. O medo gera medo e a preocupação gera ainda mais preocupação. Você não pode evitar os sentimentos de dor, remorso, culpa, raiva e medo que o assolam durante os tempos difíceis, mas você pode reconhecê-los como puras reações emocionais e depois gerenciá-las de modo que não comandem suas ações.

Manter a perspectiva requer maturidade, e maturidade vem com a experiência. Eu nunca havia passado por uma situação como essa e, como estava fisicamente exausto por conta de minhas viagens, tive dificuldades para lidar com essa crise de uma maneira madura.

Meu pai e outros amigos e familiares mais velhos e sábios tentaram me ajudar dizendo que passaram por experiências iguais ou piores e que depois se recuperaram. Como mencionei, meu tio Batta tem uma empresa incorporadora e imobiliária na Califórnia. Você pode imaginar os altos e baixos pelos quais ele passou. Um déficit operacional de cinquenta mil dólares é troco no negócio dele, e ele tentou me dizer que não era uma dívida tão grande para mim também.

Ainda assim, por mais que eu quisesse aprender com os conselhos e erros dos outros, durante muito tempo parecia que eu precisava cometer meus próprios erros antes de adquirir sabedoria. Agora resolvi ser um aluno melhor. Se você e eu pudéssemos aprender uma única lição de todas as pessoas que conhecemos, o quão mais sábios seríamos? Quanto tempo, esforço e dinheiro economizaríamos?

Quando nossos entes queridos e amigos nos dão conselho, por que não podemos ouvir, absorver a lição e fazer os ajustes necessários? Você só aumenta seu estresse pensando que você tem de resolver as coisas *imediatamente!* Claro que algumas situações exigem ação imediata, mas esta ação pode incluir uma abordagem passo a passo, um dia de cada vez, para resolver o problema. Um membro do meu conselho diretor certa vez disse: "Nick, sabe qual a melhor maneira de comer um elefante inteiro? Uma mordida de cada vez".

O DESPERTAR DA HUMILDADE

Durante anos, meu pai, o contador, me dizia para tomar cuidado com minhas finanças, para economizar mais do que gastava e para sempre ter um orçamento em mente ao dar início a um projeto.

Eu o ignorei. *Gosto de me arriscar; ele é mais conservador. Simplesmente temos personalidades diferentes. Agora não é a hora de economizar; é hora de investir e plantar.* A humildade é uma virtude interessante porque, se você não a possui, mais cedo ou mais tarde ela lhe é dada. Imagine como foi humilhante para mim ter de aceitar a oferta de empréstimo pessoal de cinquenta mil dólares do meu pai para salvar o negócio! Isso doeu, mas foi uma dor autoinflingida. Provérbios 16:18 nos diz: "A soberba precede a ruína, e a altivez do espírito precede a queda". Tenho certeza de que, se você abrir sua Bíblia neste capítulo e versículo, verá uma foto minha!

Ao refletir sobre meu colapso, percebi que me faltava humildade em várias áreas da minha vida. Por que a humildade é importante para alguém que está passando por uma crise? Primeiro, você pode se sentir envergonhado se sua situação se deve a um erro ou fracasso. Em outras palavras, você foi humilhado. Enlouquecer, chorar ou desistir não vai mudar isso, e reagir com emoções negativas provavelmente só o fará se sentir pior e afastará as pessoas de você.

Minha sugestão é que você aceite sua recém-encontrada humildade. Alguns rebatedores reagem com raiva ao serem eliminados do jogo. Eles quebram os tacos nos joelhos, jogam os capacetes nos gandulas e dão chutes no banco de reservas. Outros rebatedores aceitam humildemente a eliminação como parte do jogo, e eles se lembram de não tentarem as mesmas rebatidas da próxima vez. Portanto, ser humilhado não é uma coisa tão ruim se você aprende com a experiência. Na verdade, há quem acredite que o verdadeiro caminho para a iluminação é a humildade.

Quando eu era mais jovem, desenvolvi uma aversão à ajuda dos outros. É muito humilhante ter de pedir às pessoas ao seu redor que o ajudem a comer ou a subir na cadeira ou a levá-lo ao banheiro. Não gosto de me sentir humilhado. Há certos benefícios e recompensas em se tornar mais independente encontrando maneiras de fazer as coisas por si mesmo. Não digo que seja de todo mau, mas minha teimosia às vezes me levou a manipular e até incomodar as pessoas para que elas me ajudassem. Em vez de apenas pedir ajuda, eu disputava favores das pessoas, como de meu pobre irmão, Aaron, que eu geralmente tratava como um assistente em vez de um irmão. Desculpe, Aaron!

De tempos em tempos, Deus restaura minha humildade. Não percebi que às vezes era muito egoísta, impaciente e vaidoso. Às vezes sentia que merecia tratamento especial. Mas pedi perdão a Aaron, e, apesar de não nos vermos muito por causa da distância, ele é meu melhor amigo, alguém que admiro e respeito muito. Fico surpreso pelo fato de que, quando ele ficou maior, simplesmente não me colocou num armário e me trancou lá. Mereci isso algumas vezes.

Acabei vendo esse período sombrio como mais uma dessas lembranças da humildade que serviu para me fazer voltar ao meu caminho. Eu estava agindo como se tivesse de carregar todo o fardo das nossas operações sobre meus ombros. Era uma abordagem impossível e arrogante, e isso mostrava que minha fé em Deus e naqueles ao meu redor não estava reluzindo.

Moisés, o grande profeta e líder, era o homem mais humilde da Terra. Ele sabia que não se pode ser um líder se ninguém está disposto a seguir e trabalhar com você. Uma pessoa arrogante não pede ajuda e, portanto, é impotente. Uma pessoa arrogante afirma saber tudo e, portanto, não tem ideia de nada. Uma pessoa humilde atrai pessoas que ajudam *e* ensinam.

Certa vez ouvi um pai dizer a seu filho, um recém-formado, que ele deveria chegar ao seu primeiro dia no trabalho com um comportamento adequado: “Não tente mostrar a eles o que você sabe. Ao contrário, mostre a eles o quanto você quer aprender”.

Se você se sente assolado por uma crise na sua vida, você talvez tenha de se humilhar e pedir ajuda, e isso é bom. Nós não podemos realizar nossos sonhos sem a ajuda dos outros. É mais importante para você se sentir superior e autossuficiente do que realizar seus sonhos dentro da sua comunidade de apoiadores?

A humildade também alimenta a gratidão e a admiração, o que estimula a cura e a felicidade. Nenhum ser humano é mais valioso do que outro. Em algum ponto, eu me esqueci disso. O orgulho que levou ao meu colapso ofuscou minha memória e visão. Tive de lembrar que Deus não me ama apenas porque minha empresa está dando lucro ou porque eu falo duzentas e setenta vezes por ano ao redor do mundo. Ele me ama porque me criou. Ele me ama pelo que sou e o ama pelo que você é.

Ainda acredito que os projetos e sonhos que tive de abandonar durante aqueles tempos difíceis habitaram meu coração por um motivo. Acredito que Deus me deu uma visão clara e tudo o que eu precisava era plantar meus sonhos, mas deveria ter orado mais para descobrir qual o tempo Dele em vez de seguir adiante no meu próprio tempo. Não importa quem planta e quem irriga. O importante é que Deus faz com que a semente cresça.

Ainda que nem sempre tenhamos fé em Deus, Ele sempre tem fé em nós. Não estava conscientemente colocando minha fé em prática todos os dias. Resolvi fazer isso – não apenas orar, e sim seguir adiante com uma nova perspectiva, paciência, humildade, coragem e confiança diárias, sabendo que, no que eu era fraco, Deus era forte, e o que me faltasse, Deus proveria.

PERMITINDO QUE A FÉ BRILHASSE

A fé, seja a fé em si mesmo e no seu propósito ou a fé no seu Criador, é um farol potente, mas você precisa deixá-lo brilhar. Você não pode deixá-lo apagar por negligência. Às vezes você pode sentir que tem fé, mas não há luz. Percebi que tinha de permitir que minha fé brilhasse. De uma perspectiva diferente, ela se tornou como um carro com o câmbio em ponto morto. Estava lá, mas não estava engatada. Ter fé em si mesmo e nas suas habilidades é essencial, mas você também precisa ter paciência, humildade e a compreensão de que não pode fazer nada sem a ajuda dos outros e, por fim, todo o crédito vai para Deus.

Nada o desestimulará mais rápido do que viver sem um objetivo ou perder de vista o que quer que você ame: a dádiva que lhe dá alegria e dá sentido à sua vida. Eu perdi de vista meu propósito de inspirar e encorajar os outros e ao mesmo tempo disseminar uma mensagem de fé. Estava tentando fazer coisas demais para criar minha empresa e instituição de caridade. Quando me desviei de meu verdadeiro propósito, foi como se alguém tivesse me tirado da tomada.

Se você se sente tendendo ao desespero, sem energia nem fé, pergunte a si mesmo: "*O que mais importa para mim? O que me dá alegria? O que me motiva e dá sentido à minha vida? Como posso recuperar isso?*".

Você e eu fomos colocados nesta Terra para servir a algo maior do que aos nossos estreitos interesses. Quando nosso foco se torna autocentrado em vez de centrado em Deus, perdemos nossa maior fonte de poder. Os talentos que nos foram dados por Deus têm de gerar benefícios para os outros. Quando os usamos para esse objetivo maior, colocamos nossa fé em prática para realizar o plano Dele para nós. Fazemos uma diferença neste mundo que nos ajuda a nos prepararmos para o próximo.

ADOENTADO, MAS DECIDIDO

Disse antes que meu colapso fez de mim um bom exemplo de um mau exemplo, então você talvez diga que eu ao menos servi para *algum* propósito como uma demonstração da fé inativa. Agora gostaria de compartilhar com você a história de alguém que é um ótimo exemplo de um *bom* exemplo da fé em prática – um dos melhores que já encontrei. Na verdade, dediquei meu primeiro livro a ele, mas guardei sua história para este livro.

Ouvi falar de Phil Toth de La Jolla, na Califórnia, por meio da minha mãe quando ainda vivíamos na Austrália. Minha mãe ouviu falar de Phil e de seu website cristão na nossa igreja. Ela me mostrou o site dele, e eu achei sua história de fé em prática extremamente emocionante. Quando Phil tinha apenas vinte e dois anos, ele acordou certo dia e teve problemas para falar. A princípio, sua família achou que fosse uma brincadeira, porque ele gostava de zombar e se divertir, mas então ele também teve tontura e um cansaço que alertou a todos. Durante quase dois anos, os médicos não souberam dizer o que havia de errado, mas eles finalmente o diagnosticaram com esclerose lateral amiotrófica (ELA), também conhecida como doença de Lou Gehrig.

A expectativa de vida para uma pessoa com essa doença incurável, que destrói os neurônios do cérebro, a coluna e provoca a deterioração dos músculos, é de dois a cinco anos. A princípio, os médicos de Phil disseram que o caso dele estava avançando tão rápido que ele talvez não sobrevivesse por mais que três meses. Em vez disso, Phil viveu por cinco anos, e acho que foi porque não se focou no sofrimento. Ele se focou em encorajar os outros a orarem e a confiarem em Deus. Phil lidou com sua doença mortal celebrando a vida e tentando ajudar os outros, mesmo que não pudesse levantar os braços e as pernas na cama.

A ELA é ao mesmo tempo cruel e dolorosa. Em poucos anos, Phil ficou acamado e incapaz de fazer muita coisa. Seu grande círculo de familiares e amigos lhe dava assistência constantemente. Até mesmo sua voz foi afetada, dificultando que as pessoas o entendessem.

Apesar da dor e do sofrimento, Phil se manteve profundamente devotado à sua fé cristã e até encontrou uma maneira de pôr sua fé em prática de modo que pudesse consolar e inspirar outras pessoas que sofriam de doenças debilitantes ou mortais. Pela graça de Deus, com todos os seus problemas físicos, Phil criou o website que minha mãe descobriu na igreja. Eis aqui parte da mensagem que ele publicou sobre a doença e o impacto que ela teve sobre sua fé:

> Agradeço a Deus por me fazer passar por isso! Ela (a doença) me aproximou de Deus [valeria a pena se ela só tivesse feito isso] e também fez com que eu reavaliasse a minha vida e visse se ainda tinha fé; fez com que eu experimentasse o amor dos meus irmãos e irmãs em Cristo, próximos e distantes. Ela me ensinou a depender totalmente da Palavra de Deus, meu conhecimento da Palavra aumentou e eu também amadureci minha

fé. Minha família e meus amigos estão bem mais próximos agora. Além disso, tenho aprendido muito sobre saúde, nutrição e sobre como cuidar do meu corpo. Os benefícios da minha situação são infinitos.

Diante do pedido da minha mãe, fui até a casa de Phil, em 2002, para conhecê-lo durante uma viagem aos Estados Unidos. Tinha um primo que sofria de uma doença incurável, e eu estava preparado para o pior. Mas, ao entrar no quarto de Phil, ele me deu um belo sorriso de boas-vindas que mudou minha vida. Nunca me esquecerei daquele dia. Apesar da dor e do sofrimento, Phil não ficou no seu canto, sentindo pena de si mesmo. Sua força e coragem me tocaram e me inspiraram.

Phil e sua família nunca perderam a esperança de um milagre, nem mesmo quando ele se preparou para estar ao lado de Deus no Céu. Quando o conheci, a ELA havia comprometido sua capacidade de fala. Ele só conseguia se comunicar piscando, o que exigia extrema paciência e generosidade. Ele descobriu uma maneira de usar uma tecnologia a laser que o permitia falar com seu computador, o que ele usou para criar um informativo cristão que teve mais de trezentos seguidores em determinado momento.

Sua determinação em pôr sua fé em prática mesmo incapacitado de falar e confinado à sua cama me motivou a dar início ao meu próprio ministério semanas mais tarde. Daquele dia em diante, sempre que me sentia desencorajado, pensava em Phil Toth. Se ele podia continuar fazendo a diferença e servindo aos outros naquela condição, eu não tinha desculpa. Cerca de um ano mais tarde, tive a honra de estar ao seu lado quando Phil passou desta vida para a outra e, apesar de eu ter sofrido com sua partida da Terra, senti-me honrado por testemunhar um general do exército de Deus indo para casa. Só espero que você e eu possamos demonstrar a mesma determinação, coragem e generosidade, permanecendo na fé e a colocando em prática, de modo que sejamos uma bênção para os outros.

TRÊS

Questões do coração

ENCONTREI O AMOR DA MINHA VIDA numa multidão no topo da Bell Tower em Adriatica. Apesar de parecer uma daquelas estruturas antigas encontradas em velhas vilas europeias, essa torre de pedra é, na verdade, um prédio de escritórios em McKinney, Texas, um bairro de Dallas. Estava lá em abril de 2010 para dar uma palestra, mas tive um pouco de dificuldade para me focar no que eu dizia depois de ver os olhos mais belos, sábios e acalentadores que já havia visto.

Você pode achar que essa coisa de "amor à primeira vista" é um clichê, mas, se isso é um clichê, acredite em mim, cara, não há nada de mau nisso. Como cristão, sigo as lições da Bíblia. Essa foi tirada do livro Cânticos dos Cânticos: "Você capturou meu coração, meu tesouro, minha esposa. Você o mantém refém com um olhar".

Se você acompanha meu website, blog, tweets ou minha página no Facebook, provavelmente já sabe que meu coração foi capturado naquele dia pela maravilhosa Kanae Miyahara. Nós noivamos em julho de 2011 e nos casamos em fevereiro de 2012, pouco depois de eu concluir este livro.

Há vários motivos para eu querer compartilhar com vocês a história de como Kanae e eu nos conhecemos e nos apaixonamos. O maior de todos é que muitas pessoas de todas as idades se aproximam de mim com questões e histórias sobre seus próprios problemas de relacionamento - pré-adolescentes, adolescentes, universitários, jovens, pessoas de meia-idade, idosos, solteiros e casados. Os detalhes das histórias variam, mas os temas centrais são universais: todos querem amar e ser amados.

» *Nick, tenho medo de que ninguém me amará.*
» *Como sei que esta é a pessoa certa para mim?*
» *Por que meus relacionamentos não duram?*
» *Posso confiar nesta pessoa?*
» *Como é sentir o amor?*
» *Fui magoado tantas vezes que tenho medo de tentar novamente.*
» *Sou sozinho e feliz. Há algo de errado comigo?*

Questões do coração confundem e incomodam homens e mulheres desde que Adão e Eva foram banidos do Jardim do Éden. Os desejos do coração são uma das necessidades mais essenciais do ser humano. Mas, quando procuramos o amor, abrimo-nos não apenas para o amor alheio como também, infelizmente, para o sofrimento. Então você precisa tomar uma decisão: pode desistir do amor e nunca encontrá-lo, o que parece desperdício de uma vida boa, ou pode continuar tentando.

Expus meu coração e saí magoado mais de uma vez. Senti-me ferido, envergonhado, com raiva e, às vezes, como um completo idiota. Mas superei. Todas as vezes, acabava decidindo que a única maneira de encontrar o que eu procurava era colocando minha fé em prática e continuando a tentar.

Você talvez tenha sofrido coisas semelhantes. Poucos de nós que escolhemos buscar o amor sobrevivemos sem cicatrizes. Meu conselho é pensar nos seus fracassos como nada mais do que testes: situações que fortalecem ainda mais seu amor para quando a pessoa certa surgir. Desde que você permaneça aberto ao amor, o amor pode acontecer. Se você construir um muro ao redor do coração, o amor não acontecerá.

Claro que enfrentei durante muitos anos sentimentos de insegurança e solidão. Como alguém que tem dois braços e duas pernas a menos do que o Príncipe Encantado, temia a rejeição e geralmente me desesperava pensando que nunca encontraria alguém com quem compartilhar meu sonho de ter uma família. Expressei verbalmente e por escrito meus temores juvenis de que nenhuma mulher iria me querer porque não podia lhe dar a mão ou abraçá-la.

Cresci, como a maioria dos homens, com a imagem tradicional do marido como o provedor e protetor no casamento, então a última coisa que eu queria era que uma mulher pensasse que ela precisaria cuidar de mim em vez de simplesmente ser minha esposa e parceira na vida.

As preocupações quanto a encontrar o amor não se restringem a mim ou a outras pessoas com deficiências físicas. Todos têm suas inseguranças e medo de relacionamentos. Ainda assim, eu lhe peço que nunca desista do amor. Encontrei a mulher perfeita para meu eu imperfeito. Sabemos que nós dois temos nossos defeitos, mas também nos vemos como uma combinação perfeita. (Um amigo sábio que nos conhece bem disse: "Fico feliz que vocês tenham se encontrado. Por que desperdiçar duas pessoas tão perfeitas?")

Mas algumas pessoas preferem permanecer sozinhas e não há nada de errado com isso, se é o que o deixa feliz e realizado. Mas, se você deseja compartilhar sua vida com outra pessoa, garanto que há alguém para você se você colocar sua fé em prática nas questões do coração. Para tanto, você tem de aceitar primeiro estes quatro preceitos básicos:

1. Você é um filho de Deus. Ele o criou. Você pode se ver como um ser imperfeito, mas Deus não o vê assim. Você foi feito de acordo com o plano Dele. Se você tratar os outros com respeito e gentileza, se tentar fazer a coisa certa e extrair o máximo de seus dons, você será amado.
2. Para ser amado pelos outros, você primeiro precisa se amar. Se você considerar difícil se amar, então você tem de se esforçar antes de esperar que qualquer pessoa se envolva com você.
3. Se você surgiu do amor, não há necessidade de procurar por ele. Exponha-se abrindo seu coração aos outros. Ouça o que eles dizem e como se sentem. Prepare-se para dar amor como uma pessoa carinhosa, honesta e confiável, e você com certeza o receberá em doses iguais.
4. Você não pode desistir do amor. Você pode tentar esconder seus sentimentos e pode até mesmo endurecer seu coração para se proteger, mas você foi criado do amor e ele faz parte da sua força vital. Deus não quer que você desperdice o amor que tem. Saiba que relacionamentos rompidos o preparam para um relacionamento duradouro. Então permaneça com fé e aberto a um dos maiores dons de Deus.

O AMOR DE DEUS POR VOCÊ O TORNA AMÁVEL

Como disse no primeiro capítulo, houve um momento na minha vida em que senti que, se era mesmo filho de Deus, devia ser o filho que Ele não amava. Não conseguia entender por que um Deus amoroso me criaria sem braços e pernas. Até mesmo pensava que Deus estava me castigando ou que Ele devia me odiar. *Por que Ele teria me criado diferente dos outros?* Também me perguntava por que Deus criaria uma criança que seria um fardo para cristãos tão bons como meus pais.

Por algum tempo, excluí Deus da minha vida porque tinha raiva. Só pude aceitar que Ele me amava depois de perceber que tudo o que Ele faz tem um propósito. Li uma passagem bíblica na qual Deus usou um cego para ensinar uma lição. Ele curou o cego "para que as obras de Deus lhe fossem reveladas". Ao ler essa passagem em João 9, tive uma revelação. *Se Deus tinha um propósito para um cego, Ele devia ter um para mim também.*

Com o tempo, descobri o propósito de Deus para mim e percebi que sou mesmo um filho adorado de Deus, mesmo que Ele não tenha me dado braços e pernas. O mesmo serve para você. Eu tive problemas. Você também deve ter seus problemas. Pode ter suas próprias inseguranças e imperfeições. Não temos todos? Você pode não entender o que Deus tem em mente para você. Eu certamente não entendi por muito tempo, mas, quando li a história do cego na Bíblia, pus minha fé em prática. Vi que Deus tinha um propósito para o cego. Eu estava cego para meu propósito, mas minha fé me permitiu aceitar que, um dia, eu encontraria o caminho que Deus abriu para mim.

A Bíblia diz que quem não ama não conhece Deus, porque Deus é amor. Saiba que você é uma criatura de Deus e que Ele o ama assim como ama a todos que permanecem com fé.

AMANDO DE DENTRO PARA FORA

Depois que aceitei que Deus me amava e tinha um propósito para mim, minha autoimagem mudou e mudaram também minhas atitudes e ações. Não foi algo que aconteceu da noite para o dia, mas, com o tempo, eu parei de evitar meus colegas da escola e da cidade. Já não ia para a sala de música para que não precisasse interagir com eles durante o lanche. Parei de me esconder atrás dos arbustos no parquinho. Meus pais me encorajaram a falar em vez de esperar que, antes, as outras crianças se aproximassem de mim. Finalmente saí da minha concha e descobri que, uma vez que as pessoas me conhecessem, elas me aceitariam e me achariam inspirador. Mais importante: eu me aceitei.

Quando me mantinha preso ao medo da rejeição, ninguém podia conhecer o verdadeiro Nick. Sentia pena de mim mesmo e isso era tudo o que os outros podiam sentir por mim. Mas, ao compartilhar minhas vitórias com meus colegas, eles as celebraram também. Ao me abrir para a curiosidade e perguntas deles sobre minha falta de membros, ao falar abertamente sobre ela e rir dela com meus colegas, eles se tornaram meus amigos.

O respeito deles reforçou minha autoimagem e me deu confiança para ser mais expansivo. Percebi que ser fisicamente diferente só me limitava à medida que eu permitia. Havia certas coisas que eu não podia fazer, mas geralmente surpreendia os outros e a mim mesmo encontrando maneiras hábeis de superar os desafios. Eu andei de skate, nadei e me destaquei em muitas das minhas aulas, principalmente matemática e – surpresa – oratória!

Ao entender meu próprio valor, passei a valorizar mais os outros. Eles retribuíram minha admiração me admirando. Essa é a mensagem contida na Bíblia quando ouvimos que devemos amar nossos semelhantes como a nós mesmos. Se você se amar e se aceitar, vai se tornar mais adorável e aceito pelos outros. Você cria um ambiente no qual a amizade e o amor pelos outros pode ser fomentado.

Você atrai aquilo que exala. Se você não respeita a si mesmo, você acha que os demais o respeitarão? Se você não se ama, os outros podem amá-lo? Claro que não. Mas, se você está à vontade consigo mesmo, os outros se sentirão à vontade na sua presença. Se você fizer os outros se sentirem bem consigo mesmos, sendo positivo, encorajador, disponível e uma presença inspiradora, acredito que o amor o encontrará.

Quando falo para os jovens em escolas e igrejas, sempre lhes digo que Deus os ama exatamente como eles são. Digo que são belos e que precisam gostar de si mesmos assim como Deus gosta deles. São palavras simples. Mas todas as vezes que digo isso, lágrimas começam a escorrer. Por quê? Porque principalmente os jovens pensam que devem se encaixar ou serão deixados de lado. Em geral, eles acham que é necessário ter certa aparência, certas roupas, certos atributos físicos, certo disso ou daquilo para serem aceitos. Mas isso não é verdade. Deus nos aceita como somos.

Você é um lindo filho de Deus. Se o Pai de todos nós – o Criador do Universo – o ama, então você também deve se amar.

AMAR PARA ACEITAR

Mas talvez alguém que você tenha amado ou confiado partiu seu coração. Sei que pouco vale como consolo, mas muitas pessoas, inclusive eu, passaram por essa horrível e humilhante experiência. Mas um rompimento ou uma traição não o faz valer menos. Uma relação fracassada apenas significa que era a relação errada para você. Sei que agora você pode achar difícil ver por que as coisas deram errado, mas algum dia você entenderá. Enquanto isso, não cometa o erro de se fechar para o amor.

Durante algum tempo, não confiei em Deus para encontrar uma parceira para mim. Eu era solitário e tentava transformar amizades em relacionamentos mesmo quando os sentimentos não eram recíprocos. Kanae me ensinou a beleza de uma relação de amor verdadeira, na qual ambas as pessoas estão mergulhadas. A solidão pode fazê-lo sentir que deve se contentar com uma relação boa, mas à qual falta a fagulha do amor. Mas você não deve negociar com o amor. Ao contrário, acredite nele. Na Bíblia, Jesus ordena que todos nós amemos como Ele amou: "Amem-se uns aos outros, como eu os amei".

Entenda que há muitas pessoas solteiras com vidas alegres e cheias de realizações. Conheço pessoas não casadas cujas vidas se completam com o amor de Deus. Eu tinha vontade de me casar e de, um dia, ter uma família, mas com o tempo pus esses objetivos nas mãos de Deus. Deixei que a vontade Dele decidisse se eu deveria ficar solteiro ou não.

Certo, admito que orei para que Deus fizesse com que Kanae me amasse, mas ela também estava orando para que eu a amasse. Claro que não sabia disso na época. O melhor é pedir ao Senhor que o ajude a encontrar a pessoa com quem Ele quer que você fique. Ore: *Senhor, livra-me dos sentimentos por esta pessoa se este não for o Seu desejo* ou *Se for esta a pessoa que o Senhor quer para mim, por favor, deixe que nos amemos de acordo com o Seu plano.*

NUNCA DESISTA DO AMOR

Você pode ter tentado e fracassado antes. Talvez tenha passado por relações que não deram certo. Pense nelas como cursos preparatórios para a coisa real. Eu tive relacionamentos fracassados. Expus meu coração só para descobrir que a outra pessoa estava mais interessada em amizade do que em romance – ou pior, em nenhum dos dois! Por mais dolorosos que esses rompimentos e rejeições tenham sido, eu me recusei a abdicar do amor. É algo importante demais. Sem amor, não somos nada.

A Bíblia deixa isso claro em 1 Coríntios 13: "Ainda que eu falasse as línguas dos homens e dos anjos, e não tivesse amor, seria como o metal que soa ou como o sino que tine. E ainda que tivesse o dom de profecia, e conhecesse todos os mistérios e toda a ciência, e ainda que tivesse toda a fé, de maneira tal que transportasse os montes, e não tivesse amor, nada seria. E ainda que distribuísse toda a minha fortuna para sustento dos pobres, e ainda que entregasse o meu corpo para ser queimado, e não tivesse amor, nada disso me aproveitaria".

Durante anos, orei, orei, orei por uma mulher que me amasse verdadeiramente. Se me senti desencorajado? Sim! Se às vezes pensei em desistir e me juntar à Legião Estrangeira? (Bem, gosto dos uniformes, mas toda a coisa de marchar e atirar talvez fosse um desafio.)

O importante aqui é que não desisti, e eu o encorajo a não desistir do amor tampouco. Ponha sua fé em prática. Ore pela orientação de Deus, foque em ser a melhor pessoa possível e abra seu coração para as possibilidades e oportunidades que virão até você.

Não desejaria a solidão, a rejeição ou um coração partido a ninguém. Espero que seu caminho para o amor e para o casamento seja mais simples do que foi o meu, apesar de eu ter entendido que os desafios pelos quais passei me prepararam para admirar completamente a alegria que encontrei. Deus não queria que eu descobrisse meu amor verdadeiro antes que estivesse maduro o suficiente para admirá-lo e nutri-lo.

As Escrituras nos falam de três dons espirituais – fé, esperança e amor – "sendo que o maior deles é o amor". O maior dos dons é aquele que podemos experimentar por completo com outra pessoa quando somos física, emocional e espiritualmente maduros. Como muitos jovens, pensava que estava preparado para o amor na adolescência, mas hoje vejo que aquelas eram experiências que Deus queria que eu tivesse. Ele me enviou pelo mundo para falar a milhões de pessoas e ver belezas incríveis, e também as piores misérias.

Deus até mesmo me permitiu relacionamentos que deram errado para que eu admirasse completamente o amor que fosse verdadeiro. Ele permitiu que meu coração se partisse para que eu apreciasse a completude do amor. O fim de um relacionamento em particular foi extremamente doloroso e o rompimento confirmou todos os medos que eu tinha de rejeição. Não quero soar patético demais, mas fiquei como um cachorrinho perdido depois dessa experiência. Passei vários anos tentando reconstruir minha autoconfiança e construir outro relacionamento. Fiquei amigo de várias mulheres maravilhosas, mas geralmente me sentia solitário e ansiava por uma parceria mais profunda e duradoura.

Você talvez esteja agora mesmo se sentindo solitário e não amado, mas pense que talvez, só talvez, esse momento seja sua preparação para anos de bênçãos. Sei que para alguns isso soará otimista ou insuportavelmente ingênuo, e há momentos na minha vida em que provavelmente me sinto da mesma forma. Mas agora meu copo antes vazio foi cheio a um nível que eu não sabia ser possível, graças à fé em prática.

OS OLHOS DO AMOR

Kanae e sua irmã mais velha, Yoshie, foram assistir à minha palestra na Bell Tower de Adriatica com minha amiga Tammy, que também é palestrante e escritora, e o marido dela, Mark. As irmãs estavam trabalhando lá esporadicamente como babás do casal, mas, já que eram como uma família, Tammy as convidou para me conhecer. Kanae e Yoshie têm uma aparência exótica porque a mãe delas é mexicana e o pai, que infelizmente já faleceu, era japonês. Eram ambas lindas, mas, ao falar naquele dia, estava claramente interessado em Kanae e não conseguia tirar meus olhos dela. Mal podia me concentrar no que estava dizendo.

Depois da minha palestra, fiquei conversando com membros da plateia. Kanae e Yoshie vieram com Tammy me cumprimentar, e eu fiquei muito feliz ao conhecê-las. Na verdade, quando elas tentaram se afastar para abrir espaço para outras pessoas falarem comigo, disse-lhes para ficarem por perto para que pudéssemos nos conhecer melhor.

Sempre que tinha tempo, tentava trocar algumas palavras com elas. Quanto mais conversava com Kanae, mais queria tirá-la de lado e descobrir tudo o que fosse possível sobre essa mulher encantadora que parecia generosa e segura.

Por fim, quando elas estavam se preparando para ir embora, fui ousado.

"Deixe-me dar meu e-mail para que possamos nos manter em contato", disse para Kanae.

"Ah, claro, pegarei com a Tammy", respondeu ela.

Queria mesmo estabelecer uma linha de comunicação com ela, de modo que não perdesse a oportunidade de conhecê-la melhor. Parte de mim queria implorar: *Quero eu mesmo lhe dar meu e-mail para ter certeza de que você o terá!*

Era isso o que eu queria dizer, mas meu pai me ensinara que um homem de verdade não implora. Aceitei o conselho do papai e fiquei o mais distante possível, diante da minha atração por essa jovem encantadora.

"Tudo bem. Vamos manter contato", disse o sr. Tranquilidade.

Kanae e Yoshie então foram embora com Tammy e Mark.

Meus amigos e eu estávamos na estrada quando Tammy me enviou uma mensagem de texto: "O que você achou?".

"Ela é uma das mulheres de Deus mais lindas que conheci, por dentro e por fora", respondi. "Ela realmente me deixou sem palavras!"

Lá se foi o cara distante.

Tudo isso aconteceu num domingo. Voltei para a Califórnia na segunda-feira, esperando que teria notícias de Kanae no dia seguinte ou logo. Talvez tenha verificado meu e-mail assim que o avião pousou e talvez tenha continuado a verificá-lo a cada dez minutos durante todo o dia para ver se ela havia me enviado uma mensagem. (Você a conhece? Pode me culpar?)

BAMBI

Não é uma loucura como nosso coração governa nossa mente e ações nessas situações? Você pode ter catorze ou sessenta e quatro anos – a idade não importa. Quando surge a faísca, a reação é a mesma: você não consegue prestar atenção a outra coisa que não seja tentar compreender como a outra pessoa desperta sua atenção.

Este estado mental apaixonado é expresso no filme *Bambi*, da Disney, quando uma sábia coruja explica a Bambi e seus amigos que, com a chegada da primavera, jovens machos e fêmeas de todas as espécies podem se tornar "enfeitiçados".

"Quase todos ficam enfeitiçados na primavera", disse a coruja. "Você está caminhando sozinho, cuidando da sua vida... De repente, você vê um rostinho bonito... Seus joelhos fraquejam. Sua mente entra num redemoinho. E então você se sente leve como uma pluma e, antes que perceba, está flutuando no ar. E sabe o que mais? Você perde completamente a cabeça... E isto não é tudo. Pode acontecer a qualquer um".

Eu *definitivamente* fui enfeitiçado por Kanae. Não conseguia parar de pensar nela. O fato de que ela não havia me enviado um e-mail imediatamante estava me deixando louco. *Será que eu estava errado? Ela parecia estar sentindo o mesmo. Não posso estar enganado. Havia algo entre a gente. Ou será que não?*

Os dias se passaram. Depois, semanas. Nada de e-mails de Kanae. Nem um pio.

Ela parecia ter seguido adiante e me esquecido. Não podia pensar em outra possibilidade. Fiquei apaixonado por mulheres antes, mas isso ia além. A beleza dela era inegável, mas ela parecia também ter muito caráter, generosidade e fé, além de uma energia destemida. No aniversário de 26 anos de Yoshie, ela e Kanae saltaram de paraquedas? Paraquedas!

Não podia acreditar que Deus colocaria essa mulher tão dinâmica na minha vida, causaria tantas fagulhas e depois a faria desaparecer. Por isso, pedi a Ele: *Por que o Senhor a colocaria diante de mim se não queria que ficássemos juntos? Por que o Senhor deixaria que eu me distraísse tanto do meu trabalho se não havia algo de importante acontecendo entre mim e ela?*

Depois de uma semana sem uma palavra de Kanae, tive uma conversa séria comigo mesmo: *Nick, você fez de novo. Você inventou que esta moça sentia o mesmo que você sentia por ela, mas estava apenas sonhando. Quando você vai aprender?*

Estava arrasado por Kanae não ter entrado em contato comigo e decepcionado comigo mesmo por ter sido tão tolo. Virei um apaixonado de 12 anos de idade só porque uma moça linda fora gentil comigo.

Passaram-se quase três meses. Pensava constantemente em Kanae, mas a falta de comunicação havia me convencido de que nada de romântico aconteceria. O orgulho machista levara outro golpe. Tinha de deixar isso para trás.

COMPETIÇÃO DO CORAÇÃO

Em julho, tinha outro compromisso como palestrante em Dallas. Como sempre, eu me hospedaria com Tammy e Mark, que viviam nas proximidades, e não posso negar que esperava que Kanae ainda estivesse trabalhando lá como babá. Mas também tomei cuidado para não esperar demais. Afinal, ela não havia me mandado nenhum e-mail. Certamente não sentira por mim o mesmo que eu sentira por ela. Tinha de recuar e controlar meus sentimentos. *Proteja seu coração! Fique distante, cara!*

Nosso avião mal havia pousado, e eu me peguei enviando uma mensagem de texto para Tammy: "Estão todos aí?", perguntei, tentando não soar óbvio demais.

"Yoshie e eu estamos aqui cozinhando lasanha para você", respondeu-me Tammy.

"Ótimo!", escreveu o sr. Tranquilidade. "E Kanae?"

Juro que aquelas palavras foram escritas por si mesmas no meu smartphone, que às vezes é inteligente demais. Certo, então sou um fraco nas questões do coração. Não pude evitar. Mas a resposta foi ainda pior do que eu temia.

"Kanae está aqui, mas está andando de bicicleta com o namorado", disse Tammy.

Pensei seriamente que Tammy estivesse brincando, por isso ignorei a resposta.

Chegamos à casa de Tammy e ela e Yoshie estavam na cozinha, preparando lasanha. Sentei-me e conversamos por alguns minutos antes de o Nick Apaixonado atacar novamente.

"Mas, sério, onde está Kanae?", perguntei ao acaso.

Tammy deixou de lado a tigela de massa recém-preparada. Ela e Yoshie me lançaram olhares intrigados.

"Ela *está mesmo* andando de bicicleta com o namorado, Nick", disse Tammy.

Que droga, ela não *estava brincando!*

Então alguma coisa se abateu sobre mim. Tammy estava confusa por eu perguntar sobre Kanae porque ela achava que eu estava interessado em Yoshie! Nunca mencionei qual irmã chamou minha atenção e como as duas eram lindas, mas apenas uma não estava numa relação, Tammy presumira que eu estava atraído por Yoshie, cuja idade era mais próxima da minha. Por isso é que Tammy não me contara antes sobre o namorado de Kanae!

Já tinha ouvido falar de pessoas que se decepcionavam, mas nunca tinha realmente entendido o significado disso até aquele momento. Senti-me como se estivesse caindo num abismo.

Deus, por favor, me ajude a lidar bem com isso, orei.

NICK APAIXONADO

É assustador com que frequência nossas vidas de repente se tornam séries de comédia, não é? Meus pais provavelmente poderiam ter escrito uma série de sucesso, *Eu Amo Nick*, com todos os episódios loucos que tive ao longo dos anos. Seria um clássico!

Na época, eu não ria, claro. Há uma cena em *The Butterfly Circus*, curta-metragem premiado no qual eu apareço: "Quanto maior a dificuldade, maior o triunfo". Isso parece ser verdade em vários aspectos da vida e, às vezes, nos relacionamentos.

Se o amor lhe vem fácil, agradeça. Se você tem de lutar para encontrar sua alma gêmea, como aconteceu comigo, saiba que no meu caso o triunfo foi mesmo glorioso. Acredite nisso e orarei para que isso seja tão verdadeiro para você quanto foi para mim. Sinto tanta gratidão e admiração pela minha vida. Sequer posso expressar como minha vida se tornou absurdamente boa *a despeito* da minha deficiência e dos obstáculos que enfrentei. Agora devo dizer que minha vida é grandiosa *por causa* das minhas deficiências e dos obstáculos.

Isso faz sentido para você? Eis o que quero dizer: as vitórias na minha vida têm uma exuberância e significado profundos para mim que não posso imaginar que existiria se tivesse nascido com braços e pernas. Honestamente admiro mais minha vida porque tive de lutar para realizar várias coisas que as outras pessoas consideram comuns.

Se houve momentos em que orei para ter pernas, braços e menos obstáculos em meu caminho? Claro. Ainda oro por essas bênçãos de tempos em tempos. Não sou diferente. Prefiro pegar o caminho mais simples a pegar o mais difícil. Mas também agradeço a Deus todos os dias por todo o bem que adveio de minhas deficiências e dos desafios que Ele me deu.

Eu o encorajo a ver todos os seus desafios em relacionamentos e outros aspectos da sua vida como bênçãos em potencial que um dia se abaterão sobre você, mesmo que o valor delas não seja aparente. Sentado lá no sofá de Tammy, eu com certeza não via o valor existente no fato de a jovem pela qual eu estava obcecado não estar disponível. Quando fiquei sabendo que Kanae tinha um namorado, pensei que meu coração fosse explodir dentro do peito.

Ela me olhou com tanto carinho e interesse, como ela podia ter um namorado? Será que eu estava me enganando? Sou um louco?

Logo então Kanae chegou com o namorado, que subiu as escadas assim que chegou à porta e não me viu.

Tammy me viu. Observando da cozinha, ela notou meu olhar de decepção e ficou lívida. Ela percebeu por quem meu coração batia assim que tentei sorrir diante do abraço entusiasmado de Kanae. Na verdade, nunca fui tão frio e mau com uma mulher em toda a minha vida. Bancar o tranquilo já não era possível.

"Então você tem um namorado?", perguntei. "Há quanto tempo vocês estão juntos?"

"Há cerca de um ano", disse Kanae.

O abismo de repente pareceu mais profundo.

Estava furioso comigo por interpretar mal aquela moça que obviamente não estava interessada em nada além da minha amizade. Queria ir para algum lugar e usar minha testa para bater em pregos, mas havia uma lasanha caseira sobre a mesa. O jantar estava sendo servido. O namorado de Kanae se juntou a nós, se apresentando. Ele era amigável e parecia um cara legal, mas eu não estava com ânimo para ser amigo. Deus que me perdoe, aquele rapaz não havia me feito nenhum mal além de ter por namorada a moça pela qual eu me apaixonara.

Consegui passar pela refeição sem arrancar a cabeça do pobre namorado. Meu assistente e eu estávamos hospedados na casa de Tammy, assim como Kanae e Yoshie, então aquela seria uma longa noite.

Fico me perguntando se há um hotel nas proximidades, pensei.

Mas isso teria sido falta de educação e difícil de explicar. Não tinha saída, e tentei extrair o melhor de uma situação ruim. Juntei-me a Tammy e seus filhos no quarto de brinquedos, escondendo-me num canto confortável do sofá. Kanae se juntou a nós depois que o namorado foi embora. Quando Tammy e as crianças foram para a cama, fiquei sozinho com minha paixão, e por algum tempo pensei em expor meu coração a ela. Mas decidi manter certa dignidade e deixar passar.

Talvez eu tenha suspirado algumas vezes. Talvez tenha até mesmo resmungado. Apesar da tentação, não chorei. Estava tão ocupado com minha autopiedade que não notei quando Kanae se levantou da cadeira. De repente, ela se sentou no sofá ao meu lado e me encarou.

Você é tão linda e não tem ideia de como me sinto, pensei.

"Nick, posso conversar com você sobre uma coisa?", perguntou ela.

Minha faceta Homem de Gelo descongelou. Não podia resistir àquela mulher. Mal podia respirar perto dela. Usando cada grama do pouco autocontrole que ainda tinha, respondi o mais direto que um homem apaixonado e trêmulo podia. Estava feliz por meu assistente estar ouvindo música com os olhos fechados.

"Claro. O que há?"

A mulher dos meus sonhos começou a expor seu coração para mim – sobre o namorado dela. A relação não estava sendo o que ela esperava. Kanae tinha dúvidas e preocupações quanto ao rumo das coisas. A família dela não o aprovava, e ela pensava em romper o namoro havia alguns meses, antes mesmo de nos conhecermos. Ela gostava dele, mas não era com ele que Kanae queria passar o restante de sua vida, explicou-me ela.

Usei minha melhor expressão de "ouvinte atento". Minha cara de preocupação. Minha aparência sábia e compassiva.

Por mais que quisesse ser a pessoa a separar Kanae de seu namorado, sabia que ela estava buscando minha orientação e confiando em mim. Como um juiz que tem conflitos de interesses, tinha de me recusar a aceitar esse caso e cedê-lo à Suprema Corte.

"Entendo suas preocupações. Elas são válidas. Você deve orar e pedir a Deus que a ajude a tomar uma decisão", eu disse.

Se ela tivesse simplesmente me agradecido pelo conselho, saído do sofá e ido embora, nossa história talvez terminasse ali. Mas ela ficou por perto, com aqueles enormes e afetuosos olhos pretos.

Ouvi as palavras e a princípio não consegui acreditar que elas estavam saindo da minha boca: "Tenho uma pergunta para você.

Pode me dizer no que pensa quando eu digo estas duas palavras: Bell Tower?".

"Nossos olhos", respondeu ela sem hesitar.

"Como assim?", perguntei.

"Nossos olhos", disse ela novamente. "Senti alguma coisa quando nos olhamos e fiquei com medo porque nunca senti aquilo por ninguém antes".

Uau! No final das contas, não era só eu, pensei.

"Nick, desde então eu tenho orado e pensado no que fazer", disse Kanae.

"Por que você não me disse que tinha um namorado quando nos encontramos na Bell Tower?"

"Eu ia pedir a Tammy seu e-mail para lhe contar tudo, mas então Tammy me disse que você lhe enviou uma mensagem de texto dizendo que minha irmã o fizera perder o fôlego..."

"Não, não, não", eu disse. "Aquele texto para Tammy era sobre você, não Yoshie".

"Era sobre mim?"

"Foi com você que mais conversei naquele dia. Foi você quem chamou minha atenção durante minha palestra e foi sobre você que falei com Tammy."

"Bem, achei que você fosse apenas um galanteador flertando com nós duas!"

"Não", insisti.

Nós dois ficamos quietos por um segundo.

"Então agora você diz que tem orado e pensado em mim?", perguntei.

"Sim. Não sei o que fazer", disse Kanae. "Tenho um namorado, mas nunca senti o que senti quando você me olhou."

"Está falando sério?", perguntei.

Ela ficou em silêncio.

Eu também.

Ficamos sem palavras. Estávamos atraídos um pelo outro, mas ambos estivemos nos torturando por conta de um equívoco. Nossos olhares se prenderam novamente e quanto mais ficávamos ali, menos eu queria desviar o olhar.

Estava embasbacado.

Depois, entrei em pânico.

Senti uma necessidade avassaladora de me lançar para a frente e beijá-la. As barreiras emocionais haviam sido rompidas. Nós nos abrimos e expusemos nossos corações. Mas ela ainda tinha um namorado, o que me deixou triste.

Kanae sentiu o que eu estava pensando.

"O que fazemos?", perguntou ela.

"Não podemos fazer nada. Temos de deixar isso passar. Você tem um namorado."

Falei mesmo isso?, pensei.

"É melhor você ir embora agora", disse. *Porque quero tanto beijá-la*, pensei.

Estava sendo assolado por pensamentos de alegria e pela sensação de pânico. Esta bela jovem tinha sentimentos verdadeiros por mim. Ela podia me amar! Mas ainda tinha um namorado.

Tive de deixar meus sentimentos para trás.

"Me dê um abraço e suba agora", disse a ela. "Precisamos orar e pedir a ajuda de Deus. Não importa quais sejam os sentimentos, precisamos pedir que Deus nos livre deles."

Estava devastado, assim como Kanae. Decidimos seguir caminhos separados e acreditar na fé que, se era para ficarmos juntos, Deus operaria milagres.

Depois que Kanae saiu, orei no sofá por pelo menos uma hora, pedindo a Deus primeiro que acalmasse meu coração. Depois pedi a Ele que me impedisse de querer ficar com Kanae se não nos quisesse juntos. Tentei me convencer de que, se ela não era a escolhida, eu podia simplesmente seguir adiante.

Sonhei com Kanae a noite toda; pela manhã, tive de lhe dizer adeus. Antes de ir embora, eu, ela e Tammy nos reunimos na cozinha e conversamos sobre o que acontecera. Tammy pediu desculpas por presumir que eu estivesse me referindo a Yoshie em vez de Kanae quando lhe falei sobre meus sentimentos depois da palestra na Bell Tower. Aceitamos as desculpas dela e a perdoamos pelo equívoco. Depois nos despedimos um do outro.

Saí sem saber se veria Kanae novamente, muito menos se estaria com ela no dia seguinte. Estava emocionalmente exausto pelos altos e baixos das últimas 24 horas. Tudo o que eu podia fazer era colocar a situação nas mãos de Deus, mas isso não impedia meu coração de ansiar. Havia algum consolo no fato de ela admitir que tinha sentimentos por mim. Só saber disso já significava muito para mim. A atração dela por mim confirmava que eu não estava inventando coisas na minha mente ou sendo otimista demais.

O fato de que uma inteligente e bela mulher como Kanae pudesse me ver como alguém que talvez amasse era uma bênção em si, e eu reconheci e agradeci a Deus por esse grande presente. Kanae me impressionara como uma mulher de Provérbios 31, uma mulher e esposa de grande caráter. Sua personalidade e fé em Deus me impressionaram. Parte de colocar a fé em prática em relacionamentos está em ser o seu melhor e depois acreditar que é possível que alguém o ame. Trata-se de acreditar que há uma pessoa lá fora que pode vê-lo para além de suas fraquezas e falhas, e ainda assim o amar.

Minha história deveria encorajá-lo. Saiba que, se é possível para mim, é possível para você. Se isso não bastar, olhe à sua volta. O mundo está cheio de pessoas normais e imperfeitas que encontraram amor e companhia. O amor também é possível para você. Oro para que sua alma gêmea o encontre logo e também oro para que a ligação seja mais forte do que os desafios que vocês enfrentarão.

DANDO UM JEITO

Seis semanas se passaram sem comunicação de Kanae. Tive de voltar para Dallas para outro compromisso e fiquei pensando se deveria ligar para ela. Tammy me convidou a ficar em sua casa sempre que eu estivesse por perto, mas não queria colocar Kanae numa posição desconfortável. Decidi ficar na casa de outro amigo na cidade, mas me esqueci de ligar para ele para saber se ele estaria na cidade. Quando liguei do aeroporto de Dallas, ele estava fora da cidade.

Eu e meu assistente estávamos viajando havia tanto tempo que nenhum de nós queria passar outra noite num hotel. Eu estava cansado e deprimido. Minha mente, alma e corpo estavam cansados, assim como minha disposição. A ideia de ver Kanae e de talvez conversar um pouco com ela – mesmo que seu namorado ainda estivesse por perto – vencia qualquer pretensão de me hospedar num hotel.

Liguei para Tammy a fim de saber se poderíamos passar a noite lá. Mark e as crianças estavam em casa e nos convidaram, por isso rumamos para lá. E, sim, Kanae estava na casa também.

Durante o trajeto do aeroporto, tive outra conversa com Deus.

Sei que estou cansado e que estou indo para a casa de Tammy em vez de para um hotel. Você sabe quem está lá e... Sorri diante do senso de humor de Deus. Suspeito que Deus estivesse sorrindo também.

Eu deveria estar mais apreensivo e na defensiva, mas estava tão cansado e desorientado por conta das minhas viagens que tinha um sorriso tolo no rosto. “Isto vai ser divertido”, disse ao meu amigo assim que chegamos.

Mark e os filhos de Tammy saíram correndo, nos cumprimentaram e pegaram nossas malas, de modo que fomos direto para a cozinha. Kanae estava lá e nós nos olhamos nos olhos.

“Surpresa!”, disse, sentindo-me com sono.

Ela riu e sorriu. Se eu tivesse pernas, tenho certeza de que elas tremeriam. Eu me sentia como se tivesse saído de um mundo unidimensional em preto e branco para um planeta colorido em 3D. A química entre nós era dez vezes mais forte do que antes e quaisquer dúvidas restantes se dissiparam assim que Kanae se levantou, pôs a mão sobre meu ombro e disse: "Depois de orar por tanto tempo, Deus me deu paz para romper com meu namorado. Quero ficar com uma pessoa com a qual me vejo passando o restante da minha vida".

Sim!

Todas as decepções, dificuldades, fracassos, temores e lágrimas da minha vida se tornaram irrelevantes e foram esquecidos naquele momento divino de vitória. Minha mente mal podia pensar no fato de que aquela jovem especial estava dizendo que estaria disposta a passar o restante da sua vida como minha esposa.

Minha esposa!

Kanae me disse que se sentiu atraída por mim desde nosso primeiro encontro, mas que, para além disso, ela sentiu tamanha conexão emocional que a assustou. Mais madura do que aparentava, ela queria agir com fé, e não de acordo com as emoções; assim, depois que nos conhecemos, ela recuou e orou a Deus pedindo orientação.

"Pedi a Deus que me dissesse o que eram aqueles sentimentos, se era apenas uma química física ou emocional, ou se era o chamado de Deus para uma relação duradoura", disse ela. "Não queria confiar apenas em minhas emoções. Não queria dar um passo adiante apenas por isso, portanto continuei orando." Em outras palavras, Kanae pôs a fé em prática.

Oro para que algum dia, quando estiver preparado, Deus lhe dê felicidade no coração, abençoando-o com alguém que o ama ou permitindo que você se sinta abençoado sem ninguém. Prepare-se para permanecer na fé e ser a melhor pessoa possível. Distribua o máximo de amor que puder. Exponha-se e Deus cuidará do restante.

AMOR TESTADO

Por mais que o momento tenha se parecido com o melhor filme romântico já escrito – ou pelo menos o melhor no qual eu tinha o papel de protagonista –, aquilo não era um filme. Era a vida real, e você sabe como as coisas podem ser. Uma vez que nos comprometemos um com o outro sem reservas, o próximo passo era nos apresentar como um casal para nossas famílias.

A mãe e a irmã de Kanae nos deram a bênção imediatamente, e fiquei muito grato pelo amor e compreensão delas. Quando Kanae contou para sua mãe, minha futura sogra na verdade disse: "Glória a Deus!".

Yoshie havia contado para a mãe semanas antes que houvera uma química entre Kanae e mim, e a mãe delas disse que orara e jejuara para que a relação aflorasse. Conquistei sua avó, tias, tios e primos dançando ao som de uma banda de mariachis numa festa da família e depois compartilhando com eles minha fé. Eles não estavam preocupados com minha falta de membros. Alguns estavam preocupados que eu fosse uma celebridade superficial sem substância, mas, depois que contei como Kanae e eu declaramos nosso amor um pelo outro, os temores se dissiparam.

Eu na verdade demorei algumas semanas para contar a meus pais sobre este novo relacionamento porque meu pai tende a ficar preocupado e a me interrogar quando o assunto é mulheres. Minha mãe e meu pai acabaram por rapidamente amar Kanae também. Ela tinha um nível de sabedoria raro para uma jovem. Seus pais se divorciaram quando ela tinha cinco anos, e Kanae teve de assumir algumas responsabilidades muito cedo.

Sua maturidade se tornou aparente quando meus pais fizeram a Kanae uma pergunta difícil. Apesar de a minha falta de membros não ter sido causada por herança genética – meu irmão e irmã têm todos os membros – meus pais ainda assim perguntaram como ela se sentiria se nossos filhos viessem ao mundo como eu.

Minha futura esposa, que já decidira ter uma grande família, respondeu: "Mesmo que nossos cinco filhos não tenham pernas e braços, eu os amaria. Sei que é mais fácil para mim do que para vocês, porque o Nick surgiu do nada para vocês, mas eu o teria como modelo de conduta".

Kanae disse a meus pais que me amava e que amaria nossos filhos também. No passado, eu achava que nunca encontraria uma mulher que meus pais aprovariam porque eles me protegiam muito. Mas Deus me deu uma jovem que ganhou o respeito e a admiração deles e que conquistou seus corações.

Os sentimentos dela por mim eram muito sinceros, e Kanae os expressava com uma profundidade que me impressionava e me enchia de humildade e gratidão. Mas não é só o que ela diz que me faz admirá-la e amá-la tanto; ela expressa seu amor por mim com ações e feitos todos os dias.

Observei pela primeira vez o cuidado dela comigo em dezembro de 2010. Estávamos namorando há apenas alguns meses quando fiquei sabendo sobre os problemas de caixa da minha empresa. Ainda não estávamos noivos, mas o casamento estava claramente sobre a mesa. Naquele momento, queria que minha futura esposa em potencial me visse da melhor maneira possível. Mas em vez disso ela me viu da pior maneira possível. Talvez exista uma hora pior para que um novo relacionamento se desfaça, mas não consigo pensar como. Lá estávamos nós, um casal no início de um relacionamento, e o supostamente forte homem caía num abismo e num vale de desespero.

No capítulo anterior, dei a você todos os detalhes da minha reação exagerada aos problemas financeiros temporários da Attitude is Altitude durante a recessão econômica. O que não disse foi que durante meu colapso Kanae provou que seu amor por mim não tinha limites.

Jamais senti tanto o poder do amor incondicional. Isto é incrível, já que meus pais, meu irmão e minha irmã, minhas tias, tios e primos jamais demonstraram outra coisa que não amor incondicional por mim. Mas eles são da família. Laços de sangue são uma coisa. Os laços de Kanae por mim eram mais tênues e recém-formados. Ela simplesmente poderia ter se afastado. Mas, ao contrário, ela se aproximou. Kanae pôs seu amor e fé em prática de uma forma que me pareceu heroica.

Numa época em que queria me apresentar como um provedor de sucesso, tive de admitir para minha namorada que minha empresa estava com uma dívida de cinquenta mil dólares. Ansioso, eu me sentia um fracasso incontestável. Por que ela não saiu correndo e sem olhar para trás eu não sei, mas serei sempre grato por ela ter optado por ficar ao meu lado, acalmando-me e me encorajando com seu amor.

Questionei meu valor como ser humano ao me sentir indigno por conta da dívida da minha empresa. Kanae me lembrou de que o amor não procura etiquetas com os preços. Ela demonstrou com palavras e ações que não estava interessada no que eu tinha para lhe dar. Ao contrário, ela derramou sobre mim o amor cuidadoso, acalentador e apoiador que ela possuía.

Uma das coisas que mais me incomodava quanto à dívida era que eu esperava economizar algum dinheiro para deixar de dar palestras por mais ou menos um ano. Não queria estar viajando o tempo todo em nosso primeiro ano de casados. Familiares e amigos me diziam há tempos que eu devia ir mais devagar, e eu finalmente tinha um bom motivo para desacelerar – minha futura esposa.

Quando contei a Kanae que minha empresa não estava dando lucro e tinha uma dívida, a resposta dela foi: "Isto não me importa. Vou arranjar um trabalho como enfermeira e sustentar nós dois".

Ela não hesitou. Ela não recuou. Não saiu correndo pela porta. Kanae passou os dedos pelos meus cabelos, me confortou e me disse que sempre estaria ali para mim.

Significou tanto para mim saber que Kanae estava orando por mim todos os dias. O apoio emocional pode ser uma bênção, mas orações são ainda mais importantes. Saber que ela compreendia minhas necessidades e orava para que elas fossem satisfeitas era consolador. Deus é o maior provedor da paz e da paciência, e Kanae orou para que Ele me curasse e me desse paz e alegria.

Percebi que Kanae era a ponta para tudo o que eu podia ser em Cristo. Ela era a chave para tudo o que eu podia ser como marido, palestrante, evangelista, amigo, chefe, irmão e filho. Com ela, não tenho de pedir mais nada. Ela sente o que eu sinto e me encoraja; mas o mais importante é que ela se põe no abismo com orações e pede a Deus que me dê o que ela não pode dar, isto é, Sua sabedoria, cura, paz e paciência. Por fim, Kanae me dá sua solidariedade. Ela é minha maior apoiadora. Tudo o que me afeta a afeta. Ela está ali para mim e eu quero sempre estar ali para ela quando ela precisar conversar ou desabafar.

Você sabe que está num relacionamento amoroso quando está disposto a dar sem receber nada em troca, quando você põe as necessidades do outro acima das suas próprias. Pus Kanae acima do meu ministério e meus negócios, o que significa passar tempo juntos, assistindo a filmes, sentados diante da lareira ou apenas conversando sobre nossas vidas. Acho incrível perceber quantas camadas há numa relação como a nossa. Quanto mais Kanae me dá, mais quero ser digno do seu amor e devoção. Ela faz com que eu queira ser melhor.

Certo dia, um amigo estava me contando sobre seu novo relacionamento, e ele repetiu várias vezes: "Acho que ela é boa demais para mim. Não mereço esta mulher". Disse a ele que era um bom lugar para estar naquele momento da relação. Devemos estar com pessoas que nos inspiram, que nos motivam a crescer, a sermos mais devotos, mais cuidadosos, mais generosos e mais solidários. Já sou um homem muito mais paciente do que antes. Claro que o patamar não era tão alto durante meus dias de solteiro, quando tendia a ser autocentrado e impaciente.

Meu tio Batta recentemente me lembrou de um diário que eu mantinha há anos e no qual fiz uma lista das dez coisas que queria na minha esposa.

"Kanae cumpre todas as coisas que você pôs na lista?", perguntou ele.

Tive de voltar e verificar. Depois liguei para meu tio e disse: "Na verdade, sim! Tudo".

Foi um momento engraçado e belo também.

Posso ser alguns anos mais velho do que Kanae, mas ela é inteligente de uma forma que ainda estou aprendendo. Ela estabeleceu as fundações de uma relação que não está contaminada por expectativas, distrações ou esperanças inconscientes. Acredito que este amor se aprofundará e se tornará mais exuberante com o tempo. Sempre disse que, se você não está crescendo na fé, está encolhendo, e o mesmo serve para o amor. Kanae é verdadeiramente uma filha de Deus. Ela é majestosa e Deus a deu para mim para que possamos nos amar e honrá-Lo por Suas bênçãos.

Nosso amor é contagioso. Uma mulher mais velha nos viu juntos outro dia, conversando e rindo, e se aproximou de nós com lágrimas nos olhos, dizendo: "Agora acredito no amor verdadeiro de novo". Não posso lhe explicar a alegria que sinto quando vejo Kanae rindo ou sorrindo, dançando, cantando e se divertindo. Mal posso esperar pelo dia em que possamos ver nossos filhos fazendo o mesmo.

Você é uma criação de Deus e, portanto, merece o amor Dele, o que o faz merecer uma relação de amor também. Oro para que você seja abençoado por um amor como o meu, mas lembre-se de fazer sua parte e prepare-se não apenas para receber, mas também para se doar altruisticamente.

QUATRO

Uma vida de paixão e propósito

No princípio da minha vida, quando meus pais estavam tentando olhar adiante e ver que futuro eu teria, meu pai, o contador, sugeriu que eu seguisse sua profissão. "Você é bom com números e sempre poderá contratar outras pessoas para serem seus braços e pernas", disse ele.

Mexer com números é divertido para mim. Contar nos dedos não é uma opção, mas, graças à tecnologia moderna e meu pezinho, posso usar uma calculadora e um computador com facilidade. Assim, na faculdade segui o conselho do meu pai e me formei em planejamento financeiro e contabilidade. A ideia de ajudar outras pessoas a tomar boas decisões com o dinheiro, gerar riquezas para elas e mapear planos estratégicos de sustentabilidade me atraía. Também gostava de mexer com ações, ramo no qual tive boas e más experiências.

Trabalhar como consultor financeiro parecia uma bela maneira de ajudar os outros e me sustentar e, esperava, sustentar minha família também. Mas eu não me sentia totalmente comprometido com a ideia. Sempre sentia que Deus estava me chamando para seguir um caminho diferente. Comecei a dar palestras sobre minha deficiência para estudantes na escola de ensino médio. Eles reagiram às minhas palavras. Eu toquei algo dentro deles, e Deus acendeu as fagulhas da paixão que colocou dentro de mim.

Com o tempo, passei a falar mais e mais sobre a fé. O evangelismo e a inspiração se tornaram minhas grandes paixões. Falar sobre meu amor divino e as bênçãos em minha vida, incluindo minhas deficiências e a força que elas me deram, permite-me servir aos outros. É algo que deu um propósito à minha vida, um propósito que acredito que Deus criou para mim.

É uma bela dádiva. Muitas pessoas têm dificuldade para encontrar significado e direção em suas vidas. Elas questionam seu valor porque não sabem ao certo como podem contribuir ou como deixar uma marca. Talvez você não tenha identificado seus talentos e interesses. Não é incomum sair por aí tentando uma coisa depois de outra antes de identificar sua vocação. Mudar de rumo várias vezes é bastante comum.

Eu o encorajo a identificar o que quer que o satisfaça e direcionar todos os seus dons e energia. Busque esse caminho, não para sua própria glória e enriquecimento, e sim em homenagem a Deus e para contribuir. Tenha paciência se demorar para encontrar seu caminho. Saiba que o tempo certo é importante e que, desde que você tenha uma paixão verdadeira em seu coração, o tempo não se esgotará. Saiba que até mesmo as paixões têm um risco. Lembre, ainda, que se uma paixão termina é provavelmente porque Deus tem algo maior e melhor em mente para você.

ENCONTRANDO SUA PAIXÃO

Você saberá que encontrou sua paixão quando seus talentos, conhecimento, energia, foco e comprometimento se reunirem de uma maneira que o entusiasma como se você fosse uma criança com seu brinquedo ou jogo preferido. Seu trabalho e prazer se tornam a mesma coisa. Você sente que as oportunidades são ilimitadas. O que você faz se torna parte de quem você é, e as recompensas que você obtém são menos satisfatórias do que as que os demais obtêm por sua causa.

Sua paixão o leva a seu propósito, e ambos se ativam quando você deposita sua fé nos seus dons e os compartilha com o mundo. Você foi feito para um propósito, assim como eu fui feito para o meu. Você inteiro – de suas características mentais, físicas e espirituais até seus talentos e experiências únicos – foi criado para satisfazer esse dom.

Você põe a fé em prática seguindo sua paixão, definindo seu propósito e construindo sua vida em torno do desenvolvimento e do uso de seus dons ao máximo. O que o motiva? O que o desperta todos os dias? O que você faria de graça só pelo prazer de fazê-lo? O que o faz jamais querer se aposentar? Há alguma coisa que o faz querer abandonar tudo – todas as suas posses materiais e conforto – só porque você se sente bem fazendo? O que lhe dá uma sensação de urgência em realizar?

Em João, 9:4, as Escrituras nos dizem: “Convém que eu faça as obras daquele que me enviou, enquanto é dia; a noite vem, quando ninguém pode trabalhar”. Se você ainda não descobriu o trabalho que Deus quer para você, faça a si mesmo as perguntas do parágrafo anterior. Se isso não o ajudar a identificar uma paixão, tente pedir às pessoas próximas avaliações e sugestões. Que talentos elas identificam em você? No que elas acham que você poderia deixar uma marca ou fazer a diferença? No que elas o veem mais entusiasmado?

Por fim, antes de decidir qual é a sua paixão, sugiro que você trate do tema com a Principal Autoridade. Sempre me perguntei como podemos dizer o que Deus quer que façamos. Se você está tentando decidir qual é sua paixão ou se enfrenta uma dificuldade e não sabe ao certo o que fazer, meu conselho é buscar o amor de Deus e conhecê-Lo como um amigo, de modo que você possa se alegrar na Sua presença. Ore para Ele e medite sobre Sua Palavra.

Conhecer e acreditar em Deus é a melhor coisa que pode acontecer em sua vida porque Ele pode transformar o que parece ser um evento ruim no melhor. Ele pode transformar suas dificuldades em aprendizado. Ele pode transformar seu sofrimento em força. Ele pode usar seus fracassos para lhe dar sucesso.

Deus tem o poder de lhe dar "glória em vez de cinza, óleo de júbilo em vez de tristeza, vestes de louvor em vez de espírito angustiado". Se você está intrigado quanto a qual o plano Dele para você e não sabe ao certo que paixão seguir, ore a Deus por orientação. Peça a outras pessoas que orem por você também. Se a resposta não lhe surgir, minha sugestão é a de que você encontre uma maneira de servir aos outros, seja numa viagem missionária, seja na sua comunidade. Tente isso por um tempo para ver o que acontece.

Eu lhe garanto que Deus cumpre o prometido. Ele não o chamaria a Seu serviço sem lhe dar tudo de que você precisa para seguir sua paixão e seu objetivo. A princípio você pode não entender o chamado. Você pode achar que lhe falta paixão para tanto. Meu pai foi chamado para dar início a uma igreja, o que ele não tinha interesse em fazer. Mas ele honrou a Deus e fez o que se sentia convocado a fazer. No começo, papai teve dificuldades. Tenho certeza de que Noé também teve dúvidas quando Deus lhe ordenou que construísse uma enorme arca, mas ele não disse nada. Seguir aquela ordem foi um gesto sábio. Meu pai, assim como Noé, ficou muito grato por seguir o chamado para construir uma igreja. As pessoas se sentiram atraídas por ela e o trabalho dele como um ministro leigo.

Quando Deus o convoca a fazer alguma coisa, você a princípio pode não entender nem sentir entusiasmo. Mas sempre deve se sentir engajado por Ele, o que significa que você fará de tudo por Ele. Fui abençoado desta maneira. Minha vocação é falar e inspirar. Minha paixão é conectar meus ouvintes a Deus e com o que há de melhor dentro deles.

O TEMPO É ESSENCIAL

Foi a hora certa para que eu me tornasse um palestrante porque, naquele momento, não tinha uma família para sustentar nem quaisquer grandes comprometimentos financeiros. Passei anos falando gratuitamente, mas felizmente havia pessoas dispostas a pagar para me ver falar. Esses pagamentos permitiam que eu me sustentasse e também cobriam as despesas de palestras que eu dava para aqueles que eu queria alcançar, mas que não tinham dinheiro para me pagar.

Às vezes, porém, podemos nos sentir tentados a mergulhar em coisas pelas quais nos entusiasmamos sem considerarmos se é a hora mais adequada. Prova A: *eu mesmo!*

As dívidas da minha empresa em 2010 eram, em parte, resultado dos custos de um vídeo musical cristão que eu queria realizar por conta da minha paixão pela música, mas não considerei se a hora era a certa. A música que apresentei no vídeo era "Something More", o que era uma ironia, já que os custos de produção se revelaram um pouco maiores (*something more*, em inglês) do que o que eu previra – bem maiores. Corri para fazer meu vídeo musical e, no meu entusiasmo pelo projeto, deixei que os custos fugissem ao controle. Queria tornar um sonho realidade. Alguém deveria ter me lembrado de que os sonhos não morrem se você se agarra firmemente a eles.

Não que o vídeo musical não tenha sido uma ótima experiência. Tínhamos um grupo talentoso de pessoas, incluindo o cantor e compositor Tyrone Wells e também Matthew Koppin, que liderava a produção. Criamos um vídeo musical cristão de qualidade graças a Jon e Esther Phelps, cujo apoio permitiu que a música de primeira fosse gravada em seu estúdio com uma brilhante banda de Nashville.

Considerei o vídeo um sucesso porque ele alcançou 1,6 bilhão de pessoas no YouTube com uma mensagem de esperança.

Também aprendi uma valiosa lição. O tempo é algo importante a se considerar em qualquer empreitada, principalmente para alguém que está criando uma empresa e uma marca de longo prazo. Eu tinha acabado de me lançar como ator no premiado curta-metragem *The Butterfly Circus*. Ter lançado um vídeo logo depois disso deve ter feito com que muitas pessoas se perguntassem: "*No que Nick está se metendo agora? Ele ainda é um palestrante evangelista e motivacional ou é um ator e cantor?*".

Um dia espero ser bom nisso tudo, mas não há pressa. Não completei trinta anos ainda. Ainda tenho uns bons anos para viver. A impaciência é outra característica da juventude, claro. Desde os 16 anos, tenho me apressado em provar meu valor em tantos cenários que várias vezes exauri meu corpo e às vezes levei meus recursos ao ponto de ruptura. Os obstáculos financeiros da minha empresa serviram para me lembrar de que não tenho de fazer tudo ao mesmo tempo.

Um amigo escreveu um livro bem-humorado de conselho para alunos do ensino médio e superior, e uma das suas pérolas é "Apresse-se e aprenda a ter paciência". Há sabedoria e humor nisso. A Bíblia enaltece as virtudes da paciência. Em Tiago 5, lemos "Sede pois, irmãos, pacientes até a vinda do Senhor. Eis que o lavrador espera o precioso fruto da terra, aguardando-o com paciência, até que receba a chuva temporã e serôdia. Sede vós também pacientes, fortalecei os vossos corações; porque já a vinda do Senhor está próxima".

Só porque você dispõe dos recursos hoje não significa que a hora seja a certa. Sem dúvida, a ambição e a energia levaram à criação de várias ótimas empresas e carreiras, mas o tempo certo é essencial. Por isso é que a paciência é uma virtude e dar um passo a mais é um risco. Não me oponho aos riscos; na verdade, me orgulho de ter que assumir riscos calculados nos quais faço o possível para reduzir qualquer obstáculo em potencial. No caso do vídeo musical, contudo, não analisei suficientemente os fatores. Lembre-se de considerar *todos* os riscos envolvidos. Faça o melhor para minimizá-los à medida que você busca realizar sua paixão.

PAIXÃO DE PROPORÇÕES BÍBLICAS

Riscos sempre trazem recompensas, mas, como no caso de Caleb, você talvez tenha de ser paciente ao aguardá-las. Caleb é um dos melhores exemplos bíblicos de um homem apaixonado que assume riscos consideráveis pondo sua fé em prática. Depois que Moisés e as 12 tribos fugiram do Egito para escapar à escravidão, Moisés enviou 12 espiões a Canaã, a terra que Deus lhes prometera. Dez espiões disseram que seria impossível conquistar a terra porque seria impossível derrotar seus habitantes, que descreveram como "gigantes". Somente dois espiões, Caleb e Jó, disseram que as pessoas podiam conquistar a terra com a ajuda de Deus. Mas Moisés optou pelo conselho dos dez outros espiões. Eles não tentaram tomar a Terra Prometida e alguns ameaçaram apedrejar os dois espiões que queriam seguir as ordens de Deus.

Os hebreus foram, então, obrigados a vagar pelo deserto por 40 anos por desobedecerem à ordem de Deus de tomarem a terra. Dos 12 espiões, somente os dois que disseram que o povo deveria tomar a terra sobreviveram àqueles 40 anos. Deus até mesmo chamou Caleb de "meu servo", termo de honra antes usado apenas com Moisés.

Quando os hebreus finalmente ocuparam a Terra Prometida, Caleb tinha seus 80 anos, mas ainda estava firme e apaixonado por sua fé. Depois da vitória, Deus deu a Caleb e a seus descendentes a cidade de Hebron e seus arredores como recompensa por seguir a Deus "de todo o coração" e por praticar sua fé mais uma vez. Como diz o hino, "para a fé paciente o prêmio é garantido", e Caleb foi recompensado por ser um homem que nunca perdeu sua paixão por servir a Deus.

Caleb pagou um preço por se manter dedicado. Seu próprio povo ameaçou matá-lo, e depois ele vagou pelo deserto por quatro décadas antes de liderá-los na vitória. Sua paixão provavelmente renderá muitas recompensas, mas isso não significa que sua vida seja livre de desafios e complicações.

Qualquer pessoa dedicada, seja ela uma enfermeira, pintor, construtor, pastor ou artista, pode lhe dizer que o trabalho duro, o sacrifício e muito esforço são necessários, mesmo para aqueles que amam o que fazem. Passei boa parte dos últimos dez anos em aviões e quartos de hotel ao redor do mundo em minha missão de levar estímulo e fé ao máximo de pessoas possível. Apesar de ser apenas um passageiro frequente que nunca reclamou de um atraso de voo, as viagens constantes são tão exaustivas para mim quanto para qualquer pessoa. Alcancei milhões de pessoas e vi várias delas renovarem sua fé ou serem evangelizadas, e sou extremamente grato por essas experiências. Mas seguir minha paixão não tem sido fácil. Tive de fazer sacrifícios. Com a ajuda de Deus e o apoio e oração daqueles que me encorajaram no meu ministério, tive vários sucessos maravilhosos. Com a graça de Deus um dia serei capaz de recompensá-los.

A maioria das pessoas movidas pela paixão se sacrifica e enfrenta dificuldades. Helen Keller superou a surdez e cegueira para se tornar uma inspiração para as pessoas ao redor do mundo. Ela disse: "o caráter não pode ser desenvolvido com facilidade e silêncio. Somente pela experiência dos desafios e do sofrimento, a alma se reforça, a ambição se inspira e o sucesso é conquistado".

O "sucesso do dia para a noite" é geralmente resultado de muitos anos de trabalho duro. Descansar sobre as vitórias raramente é uma opção. Mas provavelmente não há recompensa maior do que fazer o que você foi criado para fazer e ao mesmo tempo servir um propósito maior. Conheci muitos homens e mulheres em minhas viagens que estão numa missão para fazer a diferença compartilhando seus dons e conhecimento. Compartilhamos histórias sobre a vida nas estradas e apoiamos e encorajamos uns aos outros.

CHAMADO PARA UM PROPÓSITO

Um dos viajantes evangélicos mais entusiasmados é Victor Marx, cuja história é notável. Victor serviu como fuzileiro naval e é um especialista em artes marciais faixa preta em Keichu-Do, que combina elementos de caratê, judô, jiu-jítsu, kung fu e luta de rua.

Ele treinou mais de 30 campeões mundiais em artes marciais, além de SEALs da Marinha, fuzileiros e membros da Força Delta. Sua esposa, Eileen, é uma ex-Miss Boa Forma EUA, e, como você deve imaginar, Victor também está em grande forma física. Ao olhar para ele, você ficaria surpreso ao saber que ele já se considerou arruinado. Victor me disse que ele e eu temos muito em comum, exceto pelo fato de minha deficiência ser visível enquanto as dele estão ocultas, presas em sua mente e espírito.

As pessoas costumam dizer que não sabem como posso ter criado uma vida tão significativa e cheia de realização apesar da minha falta de membros. Mas sou abençoado de várias maneiras. Acho que a vida seria mais difícil para alguém que não tem uma família amorosa como a que tenho. Infelizmente Victor cresceu numa casa arruinada e não é de se admirar que ele já se sentiu arruinado.

Victor se tornou cristão quando servia nas Forças Armadas. Há dez anos ele estava cuidando de uma rede de academias de artes marciais no Havaí ao mesmo tempo em que evangelizava jovens. Ele vivia uma boa vida com Eileen e seus três filhos quando Deus o chamou. A organização com sede no Colorado, Focus on the Family, que promove valores cristãos, ligou para recrutá-lo para uma posição de liderança.

Ninguém da sua família queria deixar o Havaí, mas Victor e Eileen agiam com fé, optando por confiar e obedecer. Victor não tinha intenção de abdicar de sua empresa para entrar para a Focus on the Family. Ele não entendia o que Deus tinha em mente para ele, mas, como Noé, rendeu-se ao chamado divino.

Deus sabia algo sobre Victor que ele próprio não sabia a seu respeito.

Meu amigo há muito tempo sofria com pesadelos e ansiedade. Ele atribuía esses problemas ao seu tempo como fuzileiro e até mesmo às lutas de artes marciais. Ele também tinha flashbacks de incidentes violentos que não compreendia totalmente porque eles não pareciam relacionados às Forças Armadas ou às artes marciais. Alguns desses flashbacks foram revelados durante um pequeno grupo de estudos bíblicos de que Victor e Eileen participavam juntamente com outros membros da Focus on the Family e seus maridos e esposas. O grupo de estudos provou ser um ambiente seguro no qual eles podiam conversar honestamente sobre suas vidas e sentimentos.

"Pediram que compartilhássemos nossas histórias, algo que nunca fiz publicamente antes", contou-me Victor. "Sempre tive problema para confiar nos outros".

Victor atribui sua falta de confiança à sua criação problemática no Sul. Inicialmente ele compartilhou apenas uma versão condensada e limpa da sua história com seus colegas naquela noite. Ele lhes contou que seus pais se divorciaram antes mesmo do seu nascimento. Quando criança, ele não conheceu seu pai, que tinha um histórico de tráfico de drogas e de promoção da prostituição. Ao crescer, Victor achava que seu primeiro padrasto era seu pai verdadeiro. Depois sua mãe se separou e se casou outras seis vezes. Ele e seus irmãos cresceram num ambiente conturbado e caótico. Por conta da vida tumultuada de sua mãe, Victor frequentou 14 escolas e viveu em 17 casas antes de se formar no ensino médio.

Depois que ele fez esse resumo de sua vida, um amigo disse: "Agora gostaríamos de ouvir o restante da sua história".

Victor ficou intrigado e nervoso.

"Todos estavam me olhando como se estivesse sob suspeita", lembrou.

Quando ele perguntou o que queriam dizer com "o restante da sua história", seu amigo disse: "Não é possível que essas coisas aconteceram em sua vida sem que haja mais em sua história".

Victor sabia que aquelas pessoas se importavam com ele. À medida que vasculhavam cuidadosamente sua vida, "a verdade verteu de mim – coisas que mantinha dentro de mim mesmo e que nunca contei a ninguém, nem mesmo à minha esposa".

Aquela noite marcou o início de um longo período de revelação e cura para Victor. "Foram necessários vários anos para cair a ficha e para aceitar tudo o que me acontecera", disse.

Victor havia suprimido terríveis histórias da sua infância, incluindo memórias que ele chama de "improváveis" – abusos para os quais não havia testemunhas – que tendem a atormentar as vítimas de violência. Um padrasto o torturara, mantendo sua cabeça sob a água e colocando uma arma na sua cabeça. Ele fora sexual e fisicamente abusado entre os três e os sete anos. Uma vez, foi molestado e deixado para morrer num refrigerador trancado. Ele só escapou porque os familiares "me encontraram e aqueceram".

Victor sofrera crueldades impronunciáveis. Como a maioria das vítimas de abuso, ele guardava uma profunda mágoa psicológica e emocional e também uma raiva intensa. Boa parte dessa mágoa ficara guardada, graças à sua própria vontade. O incrível foi que ele conseguiu canalizar sua raiva e violência de maneira positiva graças à sua carreira militar, bem como ao treinamento e a competições de artes marciais.

Mas Victor sofrera tanto que ele não conseguia lidar com toda a dor. Ele buscou ajuda e seus médicos lhe disseram que seus flashbacks, assim como alguns tiques involuntários e uma forma branda de Síndrome de Tourette, estavam relacionados ao seu transtorno de estresse pós-traumático, algo comum em crianças vítimas de abuso.

Um psiquiatra lhe disse que seu cérebro fora afetado pelos horrores que ele suportou, de modo que sua mente não processava os pensamentos de uma maneira normal, nem jamais os processaria.

Juntamente com o tratamento profissional contra o transtorno de estresse pós-traumático, a fé de Victor o ajudou a aprender a lidar com as memórias revividas e o trauma que elas despertavam. Com o tempo, ele compartilhou a história da sua infância e sua caminhada de fé. Ele descobriu uma plateia receptiva de jovens homens e mulheres, incluindo criminosos juvenis, membros de gangues, presidiários, crianças adotadas e residentes em centros de tratamentos para drogados. Ele primeiro aprendeu a atrair a atenção dessas pessoas com demonstrações de artes marciais e um humor autodepreciativo, dizendo "Sou uma mistura de Jackie Chan e Barney Fife".

Boa parte dos jovens para os quais Victor fala tem pouca paciência com adultos palestrantes dando lições de vida, mas ele descobriu que sua história ecoa em moços e moças porque muitos deles sofreram abuso físico e sexual quando crianças também.

"Vivia em negação e nem mesmo percebia que tinha uma história e não sabia ao certo se deveria estar contando isso", disse. "Certo dia, no começo da minha carreira, estava fazendo uma demonstração de *nunchaku* para um grupo de criminosos juvenis e acidentalmente acertei e abri o queixo de um dos meus voluntários! Achei que Deus estava me dizendo para parar e fiquei com medo de acabar preso por agressão, mas, naquele dia, 53 dos 75 presos entregaram suas vidas a Jesus".

Para a surpresa de Victor, muitas igrejas também pediram que ele falasse para suas congregações e compartilhasse sua história de redenção. Sua história é um testemunho do poder da fé em prática por meio da sua vitória sobre a infância trágica e sua busca pelo entusiasmo de servir jovens com problemas.

Agora Victor entende por que Deus pediu que ele deixasse a vida confortável que tinha no Havaí. São poucas as pessoas que conseguem alcançar jovens e criminosos como Victor consegue, em parte porque muitos deles também foram emocional, física e sexualmente violentados. Quando um homem como Victor fala abertamente sobre sua dor, ele leva a cura aos demais.

"De uma forma sobrenatural, Deus me deu clamor por estas pessoas. Entendo o que há por trás da dor delas", disse ele. "Eu os encorajo a procurar ajuda dando-lhes permissão para se abrirem e procurarem orientação".

Depois que começou a compartilhar sua história, Victor não conseguia dar conta dos pedidos para que falasse em público. Para sua surpresa, doações voluntárias começaram a chegar pelo correio. Em 2003, ele e sua esposa formaram uma organização evangelizadora sem fins lucrativos, All Things Possible, e dois anos mais tarde receberam uma doação surpresa de US$ 250 mil de um casal que ouviu falar do trabalho deles e queria dar apoio.

"Estávamos preocupados de que nunca seríamos capazes de nos sustentar fazendo este tipo de trabalho, mas vimos coisas inacreditáveis acontecendo desde que nos comprometemos e colocamos nossa fé em Deus", disse Victor. "Achamos que Deus ama esses meninos que estão presos e sofrendo. Há poucas pessoas cuidando deles em escala nacional, por isso planejamos continuar fazendo isso até que Deus diga que terminamos".

MUDANDO DE RUMO

Apesar de eu e Victor termos nos tornado evangelistas, há muitas maneiras de dar sua contribuição e, ao mesmo tempo, seguir sua paixão. Seu conjunto único de talentos, educação e experiência pode ser adequado para empresas, funcionalismo público, arte e outros campos. O importante é reconhecer o que Deus lhe deu e construir sua vida em torno desses dons e paixões, agindo mesmo que você não compreenda totalmente o que o motiva e para onde essas coisas o levarão.

Abandonei os planos de uma carreira de contador para seguir minha paixão por falar. Victor abandonou uma vida segura e confortável como proprietário de uma bem-sucedida academia de artes marciais para seguir o plano de Deus. Você também pode um dia se deparar com uma bifurcação que mudará sua vida. Nunca é tarde demais para isso acontecer.

A Bíblia nos conta a história de Saulo, um perseguidor de cristãos que ficou cego por uma luz brilhante na estrada para Damasco. Jesus, então, falou com ele e o fez ir para a cidade onde descobriria sua nova vida. Depois de três dias, Deus restaurou sua visão. Ele foi batizado e recebeu o nome de Paulo. Ele se tornou um grande evangelista cristão, movido pela paixão de espalhar as boas-novas da morte e ressurreição de Jesus Cristo. Deus lhe mostrou seu objetivo, e Paulo agiu de acordo com a fé, buscando-a apaixonadamente por toda a vida. Você pode deixar uma marca neste mundo fazendo a mesma coisa. Acredite e saiba que é sempre possível mudar sua vida para melhor. A transformação de Paulo, de um perseguidor de cristãos a evangelista, foi considerada um milagre. Acredito que transformações drásticas assim são possíveis para todos nós.

Minha mensagem para você é que, não importa em que ponto você está da vida, você jamais deve pensar que tudo está perdido. Você pode ter se desviado do caminho certo. Pode até mesmo ter feito coisas horríveis, mas isso não significa que você não possa dar uma reviravolta na vida, encontrar uma nova paixão e se tornar uma força do bem neste mundo.

Não mencionei isso antes, mas a pessoa que levou Victor Marx a Jesus Cristo foi o pai dele, Karl. Sim, o homem que o abandonara antes que Victor nascesse, que era um traficante e cafetão, mudou sua vida e depois procurou e levou seu filho a Deus.

Victor estava servindo como fuzileiro naval quando recebeu uma carta de Karl. Antes Karl havia negado que Victor fosse seu filho, abandonou a mãe dele e rejeitara qualquer responsabilidade sobre a criança. Karl conheceu Victor quando ele tinha seis anos, mas ainda manteve pouco contato com ele ao longo dos anos. Depois ele escreveu uma carta para Victor. Quando o rapaz a abriu, ficou enojado porque a carta começava com "Querido filho", porque esse homem jamais fora um pai para ele. Mesmo assim, continuou lendo.

Seu pai escreveu sobre seu remorso quanto à sua vida decadente e sua falta de envolvimento com Victor. Ele foi um criminoso e passou um tempo num hospital psiquiátrico. Essas notícias não surpreenderam Victor, mas a próxima frase, sim. "Sei que você pensará que sou louco, mas fiquei louco por Jesus Cristo", escreveu Karl.

O pai de Victor descobrira que "nosso Deus é um deus que dá esperança aos desesperançados" e que, seja qual for a vida que você levou, "alguém o ama igualmente. Alguém está esperando pacientemente para levar a paz à sua alma ansiosa. O perdão e o amor de Deus têm o poder de compensar um mundo de pecado e vergonha".

Em sua carta, Karl convidou Victor a visitá-lo em sua folga do serviço militar. Victor concordou. Eles foram juntos à igreja e lá Victor se apaixonou ainda mais por Deus. Ele estava cheio de vontade de levar os outros a Deus e tem agido de acordo com essa paixão desde então.

UMA FORÇA PARA SEMPRE

Um dos perigos da sociedade moderna é que muitas pessoas valorizam o que fazem ou o que possuem mais do que valorizam o que são. Todos temos de ganhar a vida, mas com frequência perdemos a perspectiva sobre o que é de fato importante para nossa salvação eterna. O prestígio do trabalho, os bens acumulados e a notoriedade são falsos deuses. Defendo que você siga sua paixão, mas somente se essa paixão usa seus dons para exaltar a Deus, não o ser humano. Conheci pessoas equivocadas que seguem uma paixão que tem a ver apenas com alimentar seus egos e obter status. Em vez de se alegrarem expressando os dons que Deus lhes deu para honrá-Lo e para ser uma bênção para os outros, essas pessoas se focam em acumular dinheiro, status e poder. No processo, elas negligenciam suas relações e seu desenvolvimento espiritual.

Mas a fé em prática mudou muitas vidas, muitas vezes de maneiras incríveis. Sua paixão divina pode motivar e definir seu objetivo. Um dos meus exemplos preferidos é o do meu amigo Eduardo Verástegui, cuja história só melhora dia após dia.

Eduardo se jogou no redemoinho de fama e fortuna aos 17 anos. Ele seguiu um caminho que partiu de uma origem humilde numa pequena vila mexicana até alcançar Hollywood. Conheci Eduardo no filme no qual tive minha primeira experiência como ator. Estava fazendo o curta-metragem *The Butterfly Circus*. Ele era um conhecido ator do filme, conhecido principalmente na América Latina. Ele interpretava o diretor benevolente que me recebe num circo especial que celebra todas as pessoas e seus dons únicos.

Quando começamos a filmar, estava um pouco intimidado por conhecer Eduardo, principalmente porque nossa primeira cena juntos – que era para ser a primeira cena filmada – exigia que eu cuspisse no rosto dele! Implorei para o diretor adiar a cena até que me sentisse um pouco mais confortável no set de filmagem. Ele concordou, mas atrasar a filmagem talvez tenha sido um equívoco, porque quanto mais eu conhecia Eduardo, menos queria fazer uma coisa daquelas com ele. Ele é um inspirador homem de fé.

Não conhecia a história dele antes de nos tornarmos amigos, o que se provou mais fácil do que eu imaginava. Fiquei surpreso ao descobrir, em nossa primeira conversa, que esse conhecido ator era fã dos meus vídeos.

ENCONTRANDO UMA PAIXÃO VERDADEIRA

A vida de Eduardo passou por uma incrível transformação quando nos conhecemos. Ele cresceu num vilarejo pobre, filho de um fazendeiro de cana. Seu pai queria que ele fosse advogado, mas Eduardo abandonou a faculdade de direito depois do segundo semestre "porque percebi que não me entusiasmava por aquilo", disse.

Ele já havia sentido o sabor da fama e fortuna quando adolescente e decidiu continuar nesse caminho. "Queria me tornar ator, cantor e modelo, mas tudo pelos motivos errados", disse. "Meus motivos eram egoístas. Adorava me exibir, mas era imaturo. Queria sucesso, tudo o que a sociedade exigia – dinheiro, fama, mulheres e todas as coisas que deveriam me fazer feliz. Queria ser alguém".

No início dos anos 1990, ele se juntou a outros dois caras num grupo chamado Kairo. A "boy band latina" deles foi um grande sucesso na América Latina, vendendo discos e fazendo shows em cinquenta países, geralmente com uma plateia de meninas histéricas. A despeito do sucesso, Eduardo deixou a banda em 1997 para ser ator. Em pouco tempo, ele era protagonista de novelas mexicanas, aparecendo em cinco delas.

Então, em 2001, ele se mudou para Miami e assinou um contrato como artista solo. Ele já havia lançado um disco quando foi escolhido para estrelar como pretendente de Jennifer Lopez num clipe. Naquele mesmo ano, conseguiu seu primeiro papel importante na comédia latina *Chasing Papi*, como um playboy que sai com três mulheres ao mesmo tempo. Ele também foi citado como uma das estrelas hispânicas mais calientes pela edição em espanhol da revista *People*.

"Estava dentro de uma bolha de vaidade, ego e luxúria e, cedo ou tarde, se você não desperta, isso o mata mental e emocionalmente", me contou ele.

Certo dia, num voo de Miami para Los Angeles, Eduardo estava sentado ao lado do gerente de elenco dos estúdios 20th Century

Fox. Depois de se apresentarem, o executivo disse que o estúdio estava procurando um ator hispânico com um sotaque marcante para um novo filme. Ele convidou Eduardo a ler o roteiro, que ficou com o papel.

Eduardo, então, mudou-se para Los Angeles, onde contratou uma tutora para melhorar seu inglês. Ela fez mais do que isso. Ela mudou a vida dele.

Com 28 anos, Eduardo parecia destinado ao estrelato como ator e cantor. Hollywood o chamou de "o próximo Antonio Banderas". Ele contratou agentes, administradores e advogados – mais de 15 pessoas – para ajudá-lo em sua carreira. Mas Eduardo não estava em paz. "Estava perdido e muito confuso, o que se traduzia numa raiva que me tornava uma pessoa difícil de trabalhar", disse.

Eduardo não sentia a felicidade que esperava porque se desviara do plano de Deus. Ele achava que sua paixão era ser um artista, mas, à medida que amadurecia, Eduardo percebia que usar seus talentos para glorificar a si mesmo não era o seu caminho. Ele não estava vivendo uma vida divina, e sua existência vazia o consumia.

Isso é o que acontece quando nos desviamos de nosso propósito verdadeiro. Nossas ações não combinam com nossos valores e princípios, e nossa paixão diminui. Perdemos o entusiasmo e a energia. Nós nos sentimos assim porque não estamos no caminho que Deus escolheu para nós. Você pode ter se sentido assim antes ou se sente assim agora mesmo. Quando você tem uma infelicidade profunda e paralisante como a de Eduardo, geralmente é porque não está vivendo como deveria; seus dons estão sendo usados para o objetivo errado.

Não ignore esses sentimentos. Avalie-os e remonte-os à fonte de modo que você possa voltar à trilha certa. Geralmente, em situações nas quais você se desvia do caminho de Deus, Ele envia alguém para fazê-lo retornar ao caminho certo. No caso de Eduardo, essa pessoa foi sua professora de inglês. Durante as aulas, ela percebeu a infelicidade dele, ajudou-o a identificar a fonte e o encorajou a orar por orientação.

"Ainda me considerava um bom católico porque ia à Missa no Natal e na Páscoa", disse. "Eu me dava permissão para fazer o que queria desde eu não magoasse ninguém nem roubasse nada".

Em suas conversas com a professora de inglês, Eduardo percebeu que, em sua busca equivocada por fama e fortuna, ele se perdera espiritualmente. Eduardo confundira a empolgação e o egoísmo hedonista com a paixão verdadeira de Deus. Ele se comparava a um cão perseguindo um coelho de mentira numa corrida. Se o cão alcança o coelho, ele morde o metal e se machuca, de modo que nunca mais o persegue.

"Estava perseguindo uma mentira", disse Eduardo. "Quando conseguia o que eu buscava, só sentia dor. Minha professora de inglês era uma maravilhosa cristã que me fez examinar o que era de fato importante para mim, o que o sucesso de verdade significava e o que eu estava fazendo com meus talentos".

Ele vivia de acordo com a atitude machista de que "quanto mais mulheres eu tinha, mais homem eu era". Mas quando sua professora lhe perguntou se ele era o tipo de homem que uma mãe queria ter como genro, "percebi como estava sendo estúpido".

A professora ajudou Eduardo a ver que ele não só estava vivendo como o estereótipo do macho, como também se permitira ser incluído em papéis que apenas enfatizava o estereótipo negativo dos homens latinos como amantes obcecados por sexo ou traficantes e ladrões violentos.

"Minha professora disse que eu me tornara parte do problema em vez de glorificar Deus com meus talentos, promovendo valores familiares e imagens positivas", disse. "Ela me deixou pasmado. Fiquei emocionado por não estar usando o que Deus me dera para contribuir positivamente. O que eu estava fazendo se refletia de um jeito ruim na minha fé e na cultura latina".

Eduardo passou por um período de remorso pela vida que estava vivendo. Ele se confessou pela primeira vez em anos, prometendo a Deus que começaria a praticar sua fé. Ele jurou honrar a Deus e sua cultura em tudo o que fizesse. Isso incluía respeitar as mulheres e sua dignidade.

"Percebi que um homem de verdade se identifica com a vida de Jesus Cristo e, portanto, respeita as mulheres", disse. "Sei agora que o sexo é um dom de Deus. É sagrado, e este dom é para ser protegido e compartilhado com a pessoa mais importante da minha vida – além de Deus – e que será a mãe dos meus filhos, se essa for minha vocação. Descobri o valor da castidade e prometi a Deus que nunca mais ficaria com uma mulher até me casar."

OLHANDO PARA DENTRO

O despertar de Eduardo também foi fomentado por comentários de sua mãe. Ela lhe disse que, certo dia, falou ao pai dele: "Não sei o que fazer com nosso filho. Temo que ele acabe preso, no hospital ou morto. Nada de bom pode vir do estilo de vida dele".

Em seu desejo de mudar sua vida, Eduardo se afastou da sua carreira de ator que estava apenas começando. Ele demitiu toda a sua equipe e recusou todos os papéis que lhe foram oferecidos nos quatro anos seguintes. Ele não estava mais interessado em ser uma celebridade. Em vez disso, sua paixão se tornou conhecer, amar e servir a Deus. Ele jurou nunca mais usar seus talentos, exceto para esses propósitos.

"Se isto significasse o fim da minha carreira como ator, que fosse", disse.

Nas semanas e meses seguintes, os rendimentos de Eduardo diminuíram drasticamente, mas ele viu isso como uma necessidade de renovação. Ele tentou se livrar das distrações materiais de modo que pudesse novamente ouvir a voz de Deus na sua vida. Ele disse que seu processo de purificação foi difícil no começo. Eduardo chorou de dor pela vida pecaminosa que levava, pelas mulheres que magoara, pelas mentiras que contara e pelo tempo que desperdiçara buscando a própria glória em vez de glorificar a Deus.

Eduardo trabalhou para retomar a fé em sua vida. Ele leu a Bíblia e livros espirituais em busca de inspiração e para se educar na fé. "Não tinha dinheiro para pagar o aluguel. Não tinha nada, mas tinha tudo", disse.

Eduardo pensou em se juntar a uma missão religiosa para ajudar os pobres na floresta amazônica durante dois anos como uma maneira de purificar sua alma dos pecados pretéritos, mas seu pastor lhe disse: "Hollywood será sua selva. Ela pertence a Deus, não aos estúdios, e precisamos retomá-la. Você precisa ser a luz na escuridão, porque Hollywood tem impacto no mundo e nosso Senhor tocou seu coração aqui por um motivo".

Seu pastor o aconselhou a usar seus talentos e conexões para fazer filmes com uma mensagem positiva. A Madre Teresa disse certa vez que não somos chamados para ser bem-sucedidos, e sim para sermos fiéis a Deus. Se o sucesso acompanha a fé, agradeça a Deus. Com isso em mente, Eduardo criou seu próprio estúdio cinematográfico, o Metanoia, que em grego significa "arrependimento". Seu objetivo é fazer filmes positivos e inspiradores, e também servir a Deus.

O primeiro grande filme da Metanoia Films foi *Bella*. Esse poderoso drama com uma mensagem positiva pró-vida foi feito com três milhões de dólares e arrecadou mais de quarenta milhões de dólares no mundo. O melhor resultado do filme foram os e-mails, telefonemas e cartas que Eduardo recebeu das mulheres que disseram que o filme havia mudado sua vida. Além disso, mais de quinhentas mulheres contataram sua equipe para dizer que o filme as convenceu a ter filhos em vez de fazer abortos.

O sucesso de *Bella* permitiu que Eduardo fizesse mais filmes positivos e inspiradores, incluindo o mais recente deles, *Little Boy*. À medida que seus recursos aumentavam, também aumentava sua paixão por usar seus talentos para um bem maior. Sua mais notável criação deve ser sua organização de ajuda internacional *Manto de Guadalupe* (Manto da Fé), que promove a dignidade humana e o alívio para quem sofre. Sua obra inclui missões a lugares que passam por necessidades, como o Sudão (Darfur), Haiti e Peru.

Outra de suas paixões é convencer jovens mulheres a não cometerem aborto. Ele é tão dedicado a isso que começou a passar seu tempo livre em vigilância do lado de fora de clínicas de aborto nas áreas mais pobres de Los Angeles. Lá, ele intercepta e conversa com meninas e mulheres grávidas, oferecendo soluções e as ajudando com cuidados médicos, alimentos e trabalho. Seus esforços para pôr a fé em prática não terminam aí. Por meio da sua organização Manto da Fé e da incansável arrecadação de fundos, Eduardo construiu um centro médico em Los Angeles que fornece cuidados de qualidade para mulheres grávidas e seus bebês. Ele está situado num bairro latino que tem dez clínicas de aborto num raio de 1,6 quilômetro.

"Ficava louco e me dava dor de cabeça ver quantas clínicas de aborto existiam no bairro latino, e depois de um ano lá aos sábados, para encorajar as mulheres a não abortar, decidi lhes dar uma alternativa que as ajudaria a ter seus bebês e a cuidar deles", disse.

Eduardo superou enormes obstáculos para tornar sua visão de um centro médico realidade. Tenho a honra de ter aparecido em eventos de arrecadação para apoiar a clínica Guadalupe, que tem equipamentos de primeira linha e uma maravilhosa e cuidadosa equipe médica. Eduardo projetou as instalações para se parecerem com um spa, de modo que, quando as mulheres entrassem, elas imediatamente se sentiriam à vontade e cuidadas. Ele já salvou milhares de vidas.

Eduardo e eu nos consideramos irmãos agora, mas, na época em que estávamos filmando *The Butterfly Circus*, ele teve de gritar comigo para que eu cuspisse nele para a nossa cena juntos. Implorei ao diretor para fazer isso com efeitos especiais. Eduardo, o ator profissional, me irritou até que eu finalmente concordasse em cuspir nele – claro que ele não ficou nada entusiasmado pelo fato de um ator amador ter de fazê-lo sete ou oito vezes para dar certo! Eles na verdade tiveram de me dar pastilhas especiais para que eu pudesse cuspir da maneira certa.

Sou grato por Eduardo não guardar mágoa de mim e por nossa amizade ter crescido ao longo dos anos. Ele recentemente concluiu um filme chamado *Cristiada*, sobre uma rebelião católica contra a perseguição no México nos anos 1920, com grandes estrelas, como Andy Garcia, Eva Longoria e Peter O'Toole. (Em 2012, o filme foi lançado nos Estados Unidos com o título *For Greater Gloria*.) Eduardo retomou sua carreira, mas agora ele é capaz de viver na fé e em paz ao seguir sua paixão por servir a vontade de Deus fazendo filmes positivos e de fé.

Quando conheci Eduardo no set de filmagens de *The Butterfly Circus*, ele me impressionou dizendo que tinha um cartaz meu na parede do seu apartamento para inspiração durante o período mais difícil da sua vida. Ao me contar sua história, descobri que Eduardo é que havia me inspirado.

O retorno do meu amigo à graça é uma prova de que nunca é tarde demais para descobrirmos nossa verdadeira paixão e objetivo, algo que nos permita expressar todas as bênçãos e amor que Deus nos concedeu ao nos criar. Não importa em que ponto você esteja da vida, não importa o quanto você se desviou do caminho de Deus, você sempre pode voltar à graça. Se você ainda não descobriu sua paixão – ou se, como Eduardo, você se perdeu no caminho – tenha fé, perdoe-se e peça a Deus para fazer o mesmo. Então você estará no rumo certo para se tornar imbatível.

CINCO

Corpo fraco, espírito forte

RACHEL WILLISON DE CRANBROOK, na Colúmbia Britânica, perdeu sua sogra, avó, pai e cachorro no mesmo ano. A única coisa positiva durante esse tempo foi o fato de ela ter ficado grávida de seu segundo filho, uma bênção, já que ela e seu marido, Craig, conceberam a criança depois de anos tentando engravidar pela primeira vez.

Então, em novembro de 2007, apenas dois meses depois de perder o pai, Rachel e o marido ficaram sabendo que havia algo de errado com o feto de 21 semanas. Um radiologista foi chamado e, depois de mais exames, ele disse ao casal que o bebê parecia não ter braços e que suas pernas eram muito mais curtas do que deveriam ser naquele estágio.

"Chorando, corri para casa e procurei no Google 'bebês sem braços e pernas'", disse Rachel. "Na tela apareceu um belo bebê loiro sem braços e sem pernas, mas com um belo sorriso! Comecei a ler sobre a criança, agora um jovem com cerca de vinte anos, e assisti a todos os seus vídeos. Não conseguia me desviar da tela. Assisti a dez ou quinze vídeos e ao, assisti-los, me acalmei".

Os pensamentos negativos e temerosos que a assolaram a princípio foram aos poucos substituídos por pensamentos mais esperançosos e positivos. *Se este cara está bem sem braços e pernas, então meu bebê ficará bem. Ele realmente parece estar bem. Parece feliz e animado. Ele viaja pelo mudo. Ele consegue lidar com isso; nosso filho ficará bem.*

"Tudo o que ele disse nos vídeos me acalmou e me deu paz. Percebi que Deus estava acalmando meu coração dizendo que, se Nick Vujicic podia se tornar uma pessoa maravilhosa, nosso bebê podia também!", lembrou ela. "Deus sabia quem me enviar".

Sim, aquele "bebê loiro incrivelmente lindo" era eu, acredite ou não. (Obrigado, Rachel! Isso faz com que nós dois pensemos que eu sou incrivelmente adorável.) Depois de encontrar minha fotografia da infância, de ler sobre mim e assistir a meus vídeos, Rachel e Craig Willisson perceberam que o bebê podia viver uma vida relativamente normal e até mesmo uma vida absurdamente boa. Assim, quando o médico sugeriu um aborto, a resposta deles foi "Não, de jeito nenhum!".

"Acho que nem respirei antes de dizer não", disse Rachel. "Estávamos tentando engravidar há dez anos antes que nossa filha Georgia nascesse e não podia imaginar matar este bebê, Brooke. Talvez aos olhos da sociedade ela não fosse perfeita, mas para nós era. Percebemos que esse bebê estava aqui por um motivo – o motivo de Deus, não o meu. Quem sou eu para dizer o que é considerado perfeito? Ela estava chutando, se movendo; o coração dela estava batendo no meu corpo. Meu bebê, de qualquer forma que fosse, era meu".

Rachel e Craig decidiram criar sua "pequena obra-prima" assim como meus pais me criaram – "para fazer a vontade de Deus".

Quando Brooke nasceu, a família não estava apenas preparada, mas também estava animada e se sentindo abençoada. "Fizemos uma celebração", disse Rachel. "Eles tiveram de impedir o acesso à maternidade porque tivemos 35 visitantes em nosso quarto com flores, alimentos e presentes".

Conheci Brooke e seus pais e irmã dois anos depois de seu nascimento. Quando Rachel me contou sua história de ficar assombrada com o que o radiologista disse e depois se acalmar e tranquilizar-se com meus vídeos, fiquei tão emocionado e agradecido que não conseguia parar de chorar.

Minha mãe e meu pai não tiveram ninguém que passara pela mesma experiência para lhes dar consolo e tranquilidade depois que nasci. Mas, desde que conheci a família Willisson, meus pais estiveram presentes para eles, oferecendo orientação e compartilhando experiências. Como era bom ser capaz de servir a essa família e a sua preciosa filha Brooke, que tinha quatro anos em fevereiro de 2012.

"Ela é como uma versão feminina de Nick", disse sua mãe. "Eles compartilham a mesma determinação, amor e carinho, além dessa atitude de entusiasmo pela vida que às vezes me tira o fôlego. Mas a melhor coisa é abraçá-los. Quando você abraça Nick e Brooke, como eles não têm braços, você se aproxima mais do coração deles. Isso sempre me faz suspirar".

ENCONTRANDO CONSOLO EM VEZ DE DESESPERO

O pai de Brooke, Craig, é um exemplo de algo que vi várias vezes em indivíduos e famílias que lidam com deficiências ou doenças sérias. Em vez de sentir raiva e amargor por causa da falta de membros da filha e por outros desafios físicos que corroem as finanças da família, Craig Willisson se aproximou ainda mais de Deus.

"Não era uma pessoa muito religiosa ou de muita fé, mas batizamos nossa filha de Brooke Diana Grace Willisson numa referência à graça divina. Seu nascimento definitivamente me aproximou de Deus e de várias pessoas – nossa família da igreja", disse ele.

O parto de Brooke foi difícil. Sua mãe teve uma hemorragia depois do parto. "Mas vi como Deus interveio e tudo deu certo", disse Craig, que decidiu ser batizado depois que sua esposa e filha estivessem em casa e bem. "Acho que Deus viu que Rachel e eu éramos o tipo de pessoa capaz de lidar com as deficiências de Brookie", disse. "Ela é com certeza um prodígio de Deus. E, desde o seu nascimento, Ele nos ajudou com várias coisas. Recentemente tivemos dois 'anjos' em nossa comunidade que se ofereceram para construir um cômodo a mais na nossa casa de graça. Sentimos que Deus está aproximando as pessoas".

Permaneço em contato com Brooke e seus pais, e a coisa que sempre me impressiona neles é que são pessoas alegres. Não digo isso levianamente. Eles têm problemas, claro, mas você só precisa estar próximo deles por um tempo para perceber como são felizes com suas vidas. Brooke é como um farol que atrai as pessoas e seus pais parecem estar sempre celebrando a vida dela e da irmã, Georgia.

Rachel fez uma camiseta para Brooke, familiares e amigos com mensagens como "Quem Precisa de Membros Quando se Tem Deus?", "Quando Deus Me Fez Ele Estava Apenas se Exibindo" e minha preferida: "Braços São Para os Fracos!".

Os Willisson colocaram a fé em prática lidando com as deficiências de Brooke. Eles aceitaram que Deus tem um plano para sua filha, mesmo que não saibam qual é esse plano. Eles disseram que foi de grande ajuda verem os planos que Deus tinha para mim. Eles sabem que o plano Dele para Brooke pode ser totalmente diferente, mas aceitam todos os dias com gratidão, graça e – como indicam as camisetas – doses saudáveis de humor.

Por que algumas pessoas com deficiências, como Brooke, e outras com doenças sérias ou cruéis, encontram a paz, aproveitam outros aspectos da vida e até mesmo fazem contribuições positivas apesar de seus problemas? Será que é porque elas não permitem que seus problemas físicos as arruínem emocionalmente? Será que é porque escolheram prestar atenção no que é bom na vida em vez de prestar atenção nas coisas ruins? Talvez. Eis aqui outra possibilidade: talvez elas relaxaram e permitiram que Deus agisse. Talvez tenham decidido se livrar da dor, da raiva e do luto e deixar que Deus lidasse com isso. Muitas pessoas que estão lidando com problemas sérios de saúde e graves deficiências praticam a fé diariamente de alguma maneira. Geralmente com fé nos médicos e em enfermeiras e comprimidos, tratamentos e equipamentos médicos. Aceitar o cuidado médico é consistente com a fé. Deus lhe deu a oportunidade de ser ajudado por pessoas talentosas e treinadas. Se você tem sede, pode querer saciá-la sobrenaturalmente, mas com certeza aceitaria um copo d´água dado por uma pessoa, não? O mesmo serve para as decisões de Deus à medida que você caminha na fé.

Você não precisa ser uma pessoa espiritualizada para praticar a fé, mas, como cristão, devo dizer que saber que Deus é forte enquanto eu sou fraco me dá alívio e uma incrível paz e alegria. Só posso desejar ter a alegria expressa por meu amigo Garry Phelps, que nasceu com síndrome de Down. Ele agora tem 25 anos e é uma das pessoas mais inspiradoras que conheço.

Certo dia, Garry ouviu alguns amigos da família falando sobre um recém-nascido que fora diagnosticado com síndrome de Down também. Um deles não sabia que Garry estava ouvindo quando disse: "Ah, isso é tão triste".

Garry se levantou da cadeira e disse: "Bem, acho que é ótimo!"

"Por que você diz isso, Garry?", perguntou o amigo. "O que é a síndrome de Down para você?"

"A síndrome de Down significa que você ama todo mundo e nunca, jamais magoa ninguém", respondeu Garry.

Meu amigo encontrara a felicidade na sua aflição e vida. Dizem que aqueles com síndrome de Down apresentam problemas cognitivos, mas tenho de dizer que Garry talvez seja mais sábio do que muitos de nós. Ele opta por se focar nas bênçãos de seu fardo e deixar o restante com Deus.

Garry vive uma vida completa e ativa, escrevendo, cantando e gravando músicas e se exercitando todos os dias. Nunca o vi deprimido. Ele ama Jesus sem dúvida e com todo o seu coração, e isso é aparente em suas belas e sinceras orações.

POR QUE EU?

Como muitas pessoas com deficiências e sérios problemas de saúde, passei por um longo período questionando por que um Deus amoroso jogaria tamanho fardo sobre mim. É uma pergunta natural e importante. Se Deus nos ama, por que Ele permite que alguém sofra com doenças dolorosas, ameaçadoras e até fatais? Por que Ele permite que tantos, principalmente crianças, sofram? Indo mais além: como um Deus que ama todas as Suas criaturas permite tragédias como acidentes automobilísticos terríveis, terremotos, tsunamis e guerras que ferem e matam as pessoas? E quanto a bombas, tiroteios, facadas, ataques violentos e outros eventos horríveis que são tão comuns?

Fiz essas perguntas como um menino tentando entender os caminhos de Deus e ouvi essas perguntas várias vezes de pessoas em busca de orientação. Minha falta de membros atrai outras pessoas com deficiências físicas, e muitas delas me perguntam como resolvo essas questões. Geralmente elas têm desafios maiores do que os meus, como fibrose cística, câncer, paralisia e cegueira. A maioria está em busca da minha resposta à pergunta "por que eu?", mas, em alguns casos, elas têm suas próprias respostas. Recebi um e-mail de um jovem que vou chamar de Jason, que sobrevivera a um terrível acidente de carro.

Ele estava num carro conduzido por um familiar que perdeu o controle e capotou. O cinto de segurança de Jason já estava quebrado e por isso ele foi jogado para fora do carro. Seu crânio se quebrou e seu cérebro foi danificado em quatro áreas. Ele teve alguma sorte por haver um veículo de emergência por perto. Os paramédicos viram o acidente e imediatamente vieram ajudar. Jason teve de passar por uma cirurgia para remover parte do crânio porque seu cérebro estava inchado. Ele ficou em coma por duas semanas. Ao despertar, o lado direito do seu corpo estava paralisado e ele tinha dificuldade para falar e sentir cheiros. Depois de um mês de recuperação, seus médicos descobriram que Jason quebrara o nariz e a clavícula. Então passou mais um mês no hospital. Ele recuperou sua capacidade de falar, mas seu lado direito permaneceu paralisado e ele tinha outros problemas.

"Temia que ninguém me trataria mais do mesmo jeito", disse. "Mas depois tive essa impressão de que Deus estava comigo e tudo ficaria bem. Desde então, minha opinião sobre meus ferimentos mudaram totalmente. Eu costumava me perguntar *Por que eu? Por que eu?* Mas agora digo: 'Por que não eu?'"

As pessoas perguntaram a Jason se ele ainda acredita em Deus depois que tantas coisas ruins lhe aconteceram. "Minha resposta é que Deus me manteve vivo. Como poderia não acreditar Nele?"

Estou com Jason. Não acredito que Deus quer que nos machuquemos, fiquemos doente e soframos uma perda. Mas acredito que Deus encontra maneiras de usarmos as coisas ruins para um propósito bom. No caso de Jason, Deus o manteve vivo e o reforçou espiritualmente. Jason agora dá mais valor aos dias da sua vida.

A Bíblia diz que o sofrimento vem de Adão e Eva. Todos pecamos por causa deles. Quando Adão e Eva saíram do Jardim do Éden, eles pecaram e foram banidos do mundo sobrenatural para o mundo natural. Por causa do pecado deles, eles e seus descendentes – incluindo você e eu – foram separados do Reino do Senhor. Assim, apesar de buscarmos a vida eterna por meio de Deus no Céu, primeiro temos de passar por uma vida temporária no mundo natural para chegarmos até lá. Mas, enquanto estamos no mundo natural, devemos viver com um objetivo de modo que Deus possa extrair coisas boas de situações ruins.

É um conceito difícil de dominar com o raciocínio lógico. Uma atitude positiva é útil, mas é preciso mais do que isso para lidar com um grande problema médico. Você precisa do amor de seus familiares e amigos. E os cristãos podem usar o incrível poder do Espírito Santo que nos transforma de dentro para fora. Por pior que seja seu ferimento, sua doença ou deficiência, você pode permitir que Deus faça algo de belo a partir disso. Pessoalmente, não posso transformar a dor e o sofrimento em beleza, mas em Sua misericórdia, poder e grandeza, Deus pode.

Deus nos ama como os pais amam seus filhos. Às vezes um pai intercede quando uma criança está mal. Às vezes, porém, um pai não interfere porque a criança precisa aprender uma lição ou prestar mais atenção ao que o pai diz. Há até mesmo ocasiões em que um pai pode interferir e interromper a *felicidade* da criança por causa do perigo e da ameaça duradoura – como quando uma criança está toda feliz brincando com fósforos ou quando um adolescente se envolve com um namorado ou namorada que é uma influência negativa.

Deus nos ama e não é um Pai desleixado. Graças a nossos ancestrais Adão e Eva e à desobediência deles no Jardim do Éden, a lei de Deus é a lei de Deus. O pecado foi cometido, e a punição é a separação eterna de Deus. Mas não foi por isso que Ele nos criou. No Antigo Testamento você encontra sacrifícios de animais oferecidos pelos pecados. Depois Deus enviou Seu único filho, Jesus Cristo, para morrer pelos pecados de homens e mulheres na Terra de modo que, algum dia, todos possamos retornar ao lado de Deus no Céu.

Nosso Criador sempre age com amor e com o desejo de nos aproximar Dele na eternidade. A Bíblia diz que o preço do pecado é a morte, mas a dádiva de Deus é a vida eterna.

Às vezes Deus nos abençoa. Outras vezes, se Ele sente que é necessário, cria um desafio ou obstáculo ou algo pior em nossas vidas para que permaneçamos próximos Dele ou para lembrarmos outros por meio de nosso sofrimento.

Mas há muitos cristãos leais e devotos que sofrem neste planeta. Por quê? Gostaria de ter todas as respostas, mas não tenho. Alguns dizem que Deus impõe desafios em nossas vidas para nos ensinar a humildade, como no caso de Paulo, ex-perseguidor de cristãos, que escreveu que, quando se tornou popular como evangelista, Deus enfiou um espinho em sua carne "para me atacar, a fim de que eu fosse exaltado para além de qualquer medida". Mas Paulo também notou que Deus lhe deu a graça de suportar o fardo - algo em que sempre temos de ter esperança.

"O sofrimento gera perseverança; a perseverança, caráter; e o caráter, esperança", escreveu.

A ADVERSIDADE GERA FORÇA

Sempre acreditei que Deus nos impõe desafios para nos dar força. Recentemente, pesquisas psicológicas deram apoio a essa ideia em estudos com pessoas que passaram por graves estresses e traumas de vários tipos, desde doenças ameaçadoras a eventos catastróficos como a perda de entes queridos. Apesar de você ouvir com frequência sobre o transtorno de estresse pós-traumático, os psicólogos também descobriram que aqueles que lidam bem com problemas de saúde podem vivenciar um *crescimento* pós-traumático.

Os pesquisadores descobriram que várias pessoas que lidam bem com adversidades físicas na verdade amadurecem de modo positivo:

» Elas percebem que são mais fortes do que pensavam e tendem a se recuperar mais rapidamente de desafios futuros.

- » Elas descobrem quem de fato se importa com elas e essas relações se fortificam.
- » Elas dão valor a cada dia e às coisas boas de suas vidas.
- » Elas se tornam espiritualmente mais fortes.

A personificação bíblica do crescimento na adversidade é Jó. Satã tirou tudo o que Jó possuía, não apenas sua terra e posses, como também seus filhos e sua saúde. Mesmo assim, Jó perseverou. Na verdade, ele permaneceu fiel a Deus e, em troca, Deus acabou lhe dando o dobro do que ele perdera.

Acredito que haja outro benefício que pode vir de grandes deficiências e problemas de saúde. Acho que Deus permite que alguns de nós sejamos afligidos para que possamos consolar os outros assim como Deus nos consolou. Esta explicação faz sentido para mim porque vivenciei a verdade disso seguidas vezes.

Não afirmo sempre compreender o plano de Deus. Sei que o Céu não será como a vida temporária que vivemos. Mas pode ser difícil ter certeza quando Deus faz algo que parece duro e injusto. Você tem de procurar consolo e força Nele. Você pode decidir entregar a situação a Deus pedindo a ajuda Dele.

A Bíblia diz "Não estejais inquietos por coisa nenhuma; antes as vossas petições sejam em tudo conhecidas diante de Deus pela oração e súplica, com ação de graças". Pode ser impossível não ficar ansioso ao lidar com doenças, deficiências ou outros desafios ameaçadores, mas você pode encontrar a paz colocando as coisas nas mãos de Deus. Ele pode lhe dar força um dia de cada vez, esteja você precisando disso para si mesmo ou por estar sofrendo por outra pessoa.

Saiba que, o que quer que aconteça, não há doença ou morte na próxima vida, mas tem de haver um fim para todos nós na Terra. O plano de Deus não é nos manter aqui para sofrermos e morrermos; Ele nos quer ao Seu lado no Céu para sempre.

Mas, enquanto estamos aqui em nossas vidas temporárias, temos uma bela oportunidade de conhecermos Deus e compartilharmos o amor Dele com os outros que ainda não sabem que Jesus Cristo morreu pelos seus pecados. Ainda que a vida eterna no Céu seja ótima, ter uma relação com Deus enquanto estamos na Terra é uma tremenda oportunidade.

Sejam quais forem as circunstâncias que você enfrenta, Deus o usará para Seu propósito. Pode levar anos até que você entenda qual é esse propósito. Em alguns casos, você talvez jamais saiba a extensão de Seus planos e por que Ele permite que algumas coisas lhe aconteçam. Por isso é necessário pôr sua fé em prática sabendo que Deus está ao seu lado. Mesmo que coisas ruins aconteçam, elas não mudam o fato de que Ele o ama.

MILAGRES SÃO POSSÍVEIS

Não estou aconselhando ninguém a desistir. Milagres acontecem. Eu mesmo testemunhei muitos deles, e as pessoas costumam compartilhar seus milagres comigo. John enviou sua inspiradora história de milagre, que também é um testemunho da sua fé em prática.

> Não era uma pessoa religiosa há cerca de dez anos, quando encarei a morte. Quando era jovem, perdi minha perna por conta de um câncer, e os médicos me disseram que eu não viveria mais do que cinco anos, no máximo.
>
> Bem, superei as expectativas deles e, no dia 6 de maio, completei 37 anos. Mas nem sempre foi fácil. O câncer retorna de tempos em tempos e no último ano voltou mais forte do que nunca. Meus médicos me disseram que, a não ser que eu começasse um regime rigoroso de quimioterapia, podia morrer dentro de um ano.
>
> Imediatamente os ignorei e disse que queria morrer e que estava cansado de tanta luta. Esse câncer matara minha mãe, duas irmãs e

três irmãos, e eu sabia que me pegaria algum dia. Estava preparado para ir embora!

Conversei com meu pastor sobre minha decisão e, depois de muita oração, decidi dar início à quimioterapia. Fiz quimioterapia duas vezes por semana durante 12 semanas. Passando pelo meu quinto tratamento, eles fizeram exame de sangue e enviaram os resultados para meu médico. Naquela semana, ele me ligou e pediu que eu fosse ao seu consultório. Quando cheguei lá, ele imediatamente entrou na sala e estava chorando. Ele me contou que o câncer *havia desaparecido!* Não havia mais sinal dele. Era como se nunca tivesse existido. Ele estava feliz, mas não tanto quanto eu!

Continuei fazendo check-ups a cada três meses e até agora tudo está bem. Sei que algum dia o câncer voltará e que posso até mesmo ser atropelado por um ônibus no caminho de casa para o trabalho. O fato é que *nunca* sabemos quando nosso tempo na Terra terminará.

Todos os nossos nomes e números estão no Livro da Vida. Só não sabemos quando Deus decidirá nos levar para casa para ficarmos ao lado Dele. Ame os outros como se este fosse seu último dia na Terra. Viva ao máximo e aprecie todos os dias em que você acorda e respira.

A história de John e várias outras que ouvi são provas de que milagres acontecem. É por isso que ainda mantenho um par de sapatos em meu armário – para o caso de um milagre acontecer. Você pratica a fé colocando as coisas nas mãos de Deus e pedindo e orando por milagres, mas, se o milagre não acontece, você ainda pode ser uma luz brilhando na Terra para os outros. Você ainda pode fazer todo o possível para aprender mais sobre Deus e se render a Ele.

Deus pode curá-lo? Sim, e esse pode ser Seu plano. Ou talvez não. É impossível saber, por isso tenha fé todos os dias, sabendo que Deus sabe o que faz. Não recebi o milagre dos braços e pernas, mas vivenciei a alegria milagrosa e a paz e a confiança na fé. Isso é um milagre maior do que a cura de uma doença. Afinal, você pode se curar de um câncer e ainda ser triste, sem dar valor a nada na vida. Pela fé, hoje eu honestamente tenho a alegria de ver as vidas transformadas. Isso é *incrível!* Você pode se alegrar por ter membros, mas eu me alegro todos os dias por não tê-los.

O maior milagre é a transformação de dentro para fora. Assim, acredite que um milagre acontecerá, mas saiba que, se ele não acontecer, Deus tem um plano para você. O maior propósito é conhecer Deus como amigo e ter a bênção de ir de casa para o Céu onde nenhuma dor, doença nem obstáculo o atingirá.

Sinto-me mal por aqueles que não acreditam no Paraíso. A ideia de que só temos uma vida curta é bastante deprimente. Quero viver bilhões de anos na eternidade. Enquanto estou nesta vida, tento causar um impacto duradouro. Não importa quanto dinheiro eu ganhe ou quantos belos carros possuo. O que importará é que alcancei alguém e servi a um propósito maior do que o meu mesmo.

SOMOS UMA LIÇÃO PARA OS OUTROS?

Não acredito que Deus use a doença para nos punir, mas acredito que Ele a use para nos enviar uma mensagem que precisamos ouvir. Quando Seu amigo Lázaro estava doente e morrendo, Jesus disse: "Esta enfermidade não é para morte, mas para a glória de Deus, para que o Filho de Deus seja glorificado por ela".

Quando Jesus permitiu que Lázaro morresse e depois o trouxe do mundo dos mortos, muitas pessoas que duvidavam finalmente aceitaram Jesus como o Filho de Deus.

É possível que nossas doenças e deficiências de algum modo sirvam ao propósito de Deus? Certamente vi isso com minha falta de membros, que me permitiu servir aos outros por meio do meu evangelismo e também simplesmente pelo meu exemplo. Penso em como seria muito mais fácil para meus pais se eles conhecessem alguém sem pernas e braços que pudesse orientá-los e lhes dar esperança quando nasci. Fui abençoado para exercer esse papel para vários homens, mulheres e crianças com deficiências semelhantes às minhas. Meus pais fizeram o mesmo, aconselhando famílias e as tranquilizando de que seus filhos sem membros podem lidar com isso e prosperar. Se não fizermos mais nada com nossas vidas, dar paz e encorajamento aos outros é um dom maravilhoso.

Michelle, uma mãe da Califórnia, me enviou um dos muitos e-mails que confirmam meu propósito e me tornam humilde porque me lembro de quantas pessoas superam desafios muito maiores do que os meus. Michelle tem trigêmeos. Um deles, Grace, nasceu depois de uma gestação de 28 semanas com uma ligeira paralisia cerebral que afeta sua capacidade de caminhar. Ela também é cega do olho direito. Mesmo com seus desafios físicos, Grace é uma boa aluna e tem uma fé sólida. Apesar de Grace aparentemente não sentir pena de si mesma, Michelle tem se perguntado "Por que eu?".

Você não pode culpar Grace ou qualquer outra pessoa por perguntar isso quando enfrentam graves deficiências e problemas de saúde. Falei e escrevi sobre como minha mãe respondeu a essa difícil questão. Michelle leu meu primeiro livro e assistiu aos meus vídeos, assim ela usou sua própria versão da resposta da minha mãe para orientá-la quando Grace fez a pergunta "Por que eu?".

"Eu lhe disse: 'Porque Deus a usará de algum modo, na hora certa, para inspirar as pessoas a procurarem Jesus Cristo'", escreveu Michelle. "Na verdade lhe disse que isso era uma espécie de dádiva – saber seu propósito tão cedo. Conheço alguns adultos que ainda fracassam miseravelmente em saber seu propósito!"

Michelle disse que Grace ouve meus vídeos para confirmar a mensagem e que leva minha fotografia para a escola para inspirar outras crianças de que "nada é impossível com Deus ao seu lado!". De acordo com Michelle, Grace tem uma fé renovada e ama a Deus profundamente, mesmo com suas deficiências.

"Às vezes suspeito de que estou cuidando de um anjo", escreveu Michelle.

Os milagres acontecem de várias formas. Você terá de me desculpar por acreditar que o fato de Deus me usar como um instrumento para ajudar pessoas como Grace é um milagre de algum tipo. Se esse fosse o único momento em que alguém entrou em contato comigo com esse tipo de mensagem, consideraria isso a dádiva de uma vida, mas dia após dia as cartas, e-mails e mensagens chegam para mim. Muitas das pessoas me agradecem, mas eu é que tenho de agradecê-las por me inspirarem com sua força e poder da fé incontrolável.

Algumas das mensagens são inacreditáveis pela maneira como demonstram a fé em prática aplicada a doenças e deficiências. Adrianna com certeza me surpreendeu. Ela é uma moça de 25 anos que, como eu, nasceu sem braços nem pernas, mas ela tem as mãos e os pés.

"Deus me mostrou como prosperar e saber que sou igual apesar das minhas graves limitações. Como Nick, tenho dificuldades diárias com as tarefas, mas com força eu olho para o lado bom da vida... Por meio de Jesus, Deus concede milhões de milagres e curas no mundo. Deus é real e, como exemplo *Dele*, sou uma de *Suas* filhas".

Adrianna passou os primeiros três anos de sua vida presa a um aparelho porque ela tinha problemas para respirar sozinha quando criança. Como eu, ela tem problemas nas costas, mas fez duas operações na espinha para inserir aros de metal ao lado da coluna. Mas, ainda assim, essa incrível mulher se volta para suas bênçãos em vez de seus fardos.

"Só tenho mãos e pés, mas sou inteligente e tenho ótimos amigos e a família na minha vida. Também vou para a faculdade para que possa me tornar uma advogada. Deus faz coisas milagrosas na vida e eu sou um milagre. A vida pode ser boa se você escolher que ela seja boa", escreveu Adrianna.

Ela enfrenta vários desafios, mas rejeita a amargura e a autopiedade. Ela permanece na fé, positiva, e é uma força de bondade neste mundo. Ela me inspira e espero que suas palavras o inspirem também.

Deus quer que sejamos felizes e aproveitemos a vida, independentemente do que passemos diariamente, vamos nos regozijar Nele pela Eternidade. Todos são diferentes a seu modo, mas nosso Pai nos vê como iguais e indivíduos únicos e distintos, e isso inclui todas as Suas criações neste planeta.

Apesar de nossas diferenças e deficiências, e tantas outras coisas na vida, incluindo coisas pelas quais passamos como seguidor e crente Nele, somos Seus filhos especiais e criações feitas à Sua imagem.

Ao seguirmos Deus, estamos fazendo muitas coisas para servi-Lo e servir a nossa comunidade, e estamos espalhando o evangelho e a Palavra de Nosso Senhor e Seu Filho Jesus Cristo.

Então Deus é real? Sim, é real. Ele pode não ser visto em pessoa, mas é visto em espírito.

AFLIÇÕES COMO LIÇÕES

No Salmo 119, o rei Davi dá lições sobre como colocar a fé em prática quando enfrentamos aflições e outras adversidades. Davi escreveu que, antes de ter ficado doente, ele se desviou do caminho e que foi bom para ele sofrer porque isso o fez retornar às Leis de Deus.

Meus pais me ensinaram que eu deveria amar a Deus, não para que Ele me protegesse e me desse braços e pernas, e sim porque conhecê-Lo me levaria a uma vida no Céu e a uma vida plena. Quando você se confrontar com a doença, deficiência e outros desafios, ore para se aproximar de Deus e para que Ele possa fazer o melhor para você. Essa abordagem reconhece que você pode não saber o que é o melhor, mas Deus sabe. Também reconhece que você não tem o poder de se curar, mas Deus tem. Quando você ora assim, está praticando a sua fé colocando toda a sua esperança nas promessas de Deus, incluindo esta: “Porque eu bem sei os pensamentos que tenho a vosso respeito, diz o Senhor; pensamentos de paz, e não de mal, para vos dar o fim que esperais”.

É sempre uma boa ideia orar e lembrar Deus das promessas que Ele fez a nós. Recomendo altas doses diárias de oração. Acho que as orações são os melhores remédios. E há outras coisas que você pode fazer ao esperar que Deus revele Seus planos para você.

Por experiência própria, sei que ter deficiência, ficar muito doente e passar por sofrimentos pode gerar medo. Você também pode se sentir isolado, solitário e estressado. Meus piores momentos foram aqueles nos quais escolhi agir por mim mesmo em vez de ser consolado e cuidado por aqueles que me amam. Não cometa esse erro. Se há pessoas na sua vida dispostas a estarem presentes, aceite o apoio delas graciosamente e com gratidão. Diga-lhes que você espera um dia ser um amigo tão bom para elas quanto elas são para você, e lhes dê a oportunidade de ajudá-lo ao máximo.

Se você não está cercado por familiares e amigos que podem consolá-lo, busque profissionais, uma igreja ou outros grupos de apoio. Seus médicos e outros profissionais de saúde podem ajudá-lo. Há grupos de apoio para a maioria das doenças e problemas médicos, e há grupos mais genéricos que ajudam a lidar com qualquer doença séria.

Mas vou alertá-lo de que, quando enfrenta um problema médico avassalador, você pode se perceber totalmente envolvido com isso, de modo que estar doente e ficar saudável de novo é tudo em que você consegue pensar. Psicólogos dizem que é importante aceitar e gerenciar sua doença, mas é igualmente importante se lembrar de que você ainda é *você*. Não abandone as coisas que ama fazer ou as pessoas que ama porque quer se voltar exclusivamente à recuperação da sua saúde. A doença o acometeu, mas não a deixe tomar conta da sua vida ou ferir sua autoidentidade e o valor que você agrega ao mundo. Você é mais do que essa doença.

Alguns dias serão piores do que outros. Você talvez retroceda antes de avançar. Você talvez tenha de ceder à dor física de vez em quando, mas não desista emocional nem espiritualmente. Permaneça otimista e com fé. Mantenha seu senso de humor e sua mente funcional, e procure por momentos no dia em que você seja capaz de encontrar paz e alegria, seja apenas numa manhã tranquila, seja na alegria de viver outro dia, perfeito ou imperfeito, para compartilhar com as pessoas que ama.

Quando escrevo e falo, e descrevo minha vida como "absurdamente boa", estou me referindo à alegria com que vivo todos os dias. Esteja o tempo limpo ou nebuloso, estejam as coisas simples ou ruins, esteja eu em casa com os entes queridos ou na estrada com estranhos, esteja eu me sentindo bem ou mal como um cão, a vida é simplesmente *absurda*.

Você não pode esperar que todos os dias façam sentido. Às vezes seus dias são cômicos. Outros dias são trágicos. Mas para o bem ou para o mal, na doença ou na saúde, é simplesmente absurdo que estejamos vivos e respirando, não é? A vida em si é um milagre. Você e eu só temos uma passagem pelo que Shakespeare chamou de "esta espiral mortal", então o que você fará com sua passagem? Permitirá que a saúde frágil, uma mágoa ou uma deficiência acabe com a felicidade em sua única oportunidade na Terra? Sugiro que, em vez disso, você suba numa espiral ascendente. Se está acamado por problemas de saúde ou sofre de uma deficiência, use a oportunidade para se certificar de que suas prioridades estejam em ordem, permitindo que as pessoas que você ama saibam disso e reforçando sua fé.

Há sempre a possibilidade de que Deus pôs esse desafio em sua vida para torná-lo mais forte, amoroso, corajoso, determinado e fiel. Então aproveite essa oportunidade. Seu corpo pode estar mal, mas você ainda consegue permitir que sua imaginação e seu espírito vão para onde você quer. Talvez você esteja ocupado demais para ganhar dinheiro, vangloriar-se do seu caráter e limpar o terreno. Agora é a hora de ler a Bíblia e outros livros que o preenchem e sustentam entre os tratamentos e visitas das enfermeiras, assistentes de enfermagem, médicos e técnicos. Esforce-se para curar e reforçar aquelas partes que os profissionais não alcançam. Decida que, não importa o que aconteça ao seu corpo, o restante de você - sua mente, espírito e alma - vai sair disso restaurado e melhorado. Peça a Deus por essa dádiva de fé.

SEM RECUPERAÇÃO, SEM PROBLEMA

Claro que, se você tem uma doença fatal ou uma deficiência como a minha, não há recuperação. Há apenas o restante da sua vida. Você pode sucumbir ao tempo que lhe resta cedendo à autopiedade, amargura e raiva ou pode aceitar o desafio e fazer o máximo com essa oportunidade de Deus.

Recebi muita atenção e apreciação pela maneira como optei por viver e servir aos outros a despeito da minha falta de membros, mas há várias pessoas por aí suportando em silêncio o desafio de sua doença e deficiência com graça, coragem e fé inspiradora.

Rebekah Tolbert nasceu com problemas de saúde e deficiências muito piores do que as minhas. Ela nasceu prematura, num parto de emergência e numa família marcada pela violência doméstica. Ela pesava menos de 1 quilo e meio quando nasceu, mas se apegou ferozmente à vida. Mas cada dia que ela enfrentava parecia trazer mais desafios.

Por fim, Rebekah foi diagnosticada com paralisia cerebral quadriplégica convulsiva. Seus pais se divorciaram, mas sua mãe, Laurena, disse a Rebekah que sua família e Deus a amavam.

Cheia de fé, Rebekah cresceu animada e com um comportamento positivo e alegre. Em vez de se sentir vítima, ela se tornou uma conquistadora de desafios e uma curandeira dos outros também. Ainda na escola, Rebekah realizou uma campanha para arrecadar fundos para os refugiados afegãos. Ela coletou pedidos de doações com base nos pedais de seu triciclo sob medida e andou o bastante para coletar mais de US$ 1,5 mil para a causa.

Ela adotou o versículo da Bíblia preferido de sua avó, Efésios 3:20: "Ora, àquele que é poderoso para fazer tudo muito mais abundantemente além daquilo que pedimos ou pensamos, segundo o poder que em nós opera".

Para um projeto estudantil do ensino médio, Rebekah fez uma parceria com a instituição Wheels for the World e realizou uma ação comunitária para coletar cadeiras de rodas usadas e outros equipamentos médicos para as vítimas do terremoto de 2010 no Haiti. Sua atitude positiva e seu entusiasmo pela vida lhe renderam vários amigos na escola. Ela procura as pessoas, e a maioria delas reage bem à sua personalidade desinibida.

Mas então Rebekah enfrentou desafios semelhantes aos que eu tive na sua idade. É na escola que você toma ciência de suas diferenças e depois passa o restante da vida percebendo como somos iguais. A adolescência pode ser um desafio para qualquer pessoa, e é especialmente desafiadora para nós que temos deficiências.

Quando sua mente e seu corpo estão amadurecendo e mudando rapidamente, há mudanças químicas no corpo que também contribuem para emoções exacerbadas. É um ambiente volátil porque seus colegas estão passando pelas mesmas mudanças. Todos estão tentando descobrir como se encaixar, onde se encaixar e o que lhes aguarda no futuro.

Nessa idade, percebi que havia algumas coisas que meus colegas podiam fazer e que, mesmo com toda a minha determinação e fé, eu não podia. Também vivi a violência verbal e a crueldade de outros alunos durante minha adolescência. Apesar de ser apenas um comentário impensado ou uma tentativa de humor de alguém, tive dificuldades com mágoas e dúvidas.

Rebekah passou pelos mesmos desafios. Entrar no ensino médio lhe rendeu novas alegrias, amigos e desafios, além da sensação de que era diferente de outras crianças. A maioria dos seus colegas se sentia atraída por seu ânimo, mas alguns se sentiam pouco à vontade perto dela. Alguns fizeram comentários duros ou rejeitaram suas tentativas de amizade.

Esses comentários e a rejeição doem. Rebekah tentou se manter animada e alegre, mas começou a enfrentar dúvidas e desespero: *Por que Deus não me curou? Por que Ele permite que as pessoas me magoem? Por que tenho de ficar presa a esta cadeira de rodas e a este corpo?*

Com sua mágoa e decepção, ela também questionou o amor de Deus pela primeira vez em sua vida: *Você tem certeza de que ama* todas *as pessoas, Deus? Tem certeza de que não são todos, exceto eu?*

Não há nada de errado em fazer essas perguntas respeitosas a Deus. Como diz a Bíblia, "busque e encontre". Somente por meio de perguntas é que encontramos respostas. O problema vem quando deixamos que a curiosidade e a busca honesta por respostas alimentem a dúvida e abalem nossa fé. Só porque as respostas a nossas questões não estão disponíveis não significa que elas inexistam. A fé exige que às vezes tenhamos de esperar que Deus revele Seus planos para nós. Às vezes, quando fazemos perguntas e buscamos respostas, percebemos que a visão Dele para a nossa vida é muito maior do quc a nossa própria visão.

Infelizmente, é também verdade que a vida às vezes é uma decepção após a outra. Por mais que você e eu possamos fazer nosso melhor para enfrentarmos esses desafios, podemos pender sob o peso.

Apesar de seus esforços determinados a se sair bem na escola e se misturar à sua turma, Rebekah se viu em meio a uma controvérsia quando chegou a hora de sua formatura. Ela esperava se formar e até planejara uma oração durante a cerimônia. Mas, por causa de uma tecnicalidade, o conselho escolar decidiu que ela não podia se formar, e Rebekah não pôde se sentar com seus colegas durante a cerimônia nem participar dela.

Foi um golpe cruel para Rebekah. Ela sonhava com sua formatura e com o papel que exerceria no evento. Ela também lidara com uma série de perdas trágicas, incluindo a morte de sua amada avó cinco anos antes, seguida pela perda de nove amigos para a leucemia, mal de Parkinson, câncer cerebral e suicídio.

Rebekah se sentiu assolada por uma dor interminável. A depressão tomou conta de seu espírito, ofuscou seu pensamento e acabou com sua fé. O inimigo de sua alma ganhou terreno. Essa jovem normalmente dinâmica que passara boa parte do seu tempo encontrando maneiras de ajudar os outros de repente perdeu o interesse pela vida. Todos os dias pareciam mais sombrios. Vozes negativas assombravam seus pensamentos: *Você é um fardo. Ninguém se importa com você. Eles apenas sentem pena da menina aleijada.*

Pensamentos suicidas a acometeram. Certo dia, ela se pegou olhando para a gaveta de facas na cozinha e pensando em se matar enquanto sua mãe estava fora fazendo compras.

Os entes queridos de Rebekah tentaram tirá-la da depressão. Sua mãe insistiu para que ela fosse à igreja num domingo. Normalmente, Rebekah era a primeira da fila. Agora ela não queria sair da cama. Sua mãe insistiu. Ela tinha certeza de que as mãos de Deus ainda estavam sobre Rebekah. Ela precisava estar na casa Dele, entre Seu povo.

Laurena ajudou Rebekah a sair da cama, a vestiu e a ajudou a subir na cadeira de rodas. Eles foram para a igreja. Rebekah ficou em silêncio, ainda de mau humor. Ao entrarem no santuário, a mãe dela pegou um informativo da igreja. Uma página caiu dele, um panfleto anunciando um evento.

A mãe de Rebekah viu um rosto familiar na página. Era alguém para quem sua filha geralmente se voltava em busca de inspiração para sair da depressão. Com lágrimas nos olhos, Laurena entregou a

Rebekah uma fotografia minha e o anúncio de que eu falaria na cerimônia de formatura da sua escola antes da graduação da qual ela fora excluída.

"Você ainda acha que Deus se esqueceu de você?", perguntou Laurena.

Rebekah assistira aos meus vídeos e orara para que um dia me encontrasse, porque tinha o sonho de inspirar os outros e compartilhar sua fé também. Sempre me disseram que só de olhar para mim eu causava um impacto nas pessoas. Nem sempre tinha certeza de que isso era uma coisa boa! Mas nesse caso foi.

Pela primeira vez em meses, Rebekah sentiu uma luz se acender dentro dela. Uma sensação de paz a acometeu, levando consigo os pensamentos atormentados e a autopiedade. Ela disse à mãe que queria ir à cerimônia.

Depois de eu falar naquele dia, Rebekah e sua mãe vieram conversar comigo. Laurena me contou sobre as dificuldades da filha, por isso orei com Rebekah e passamos alguns minutos conversando em particular. Ela me contou o que estava pesando em seu coração. Eu entendi. Disse-lhe que passara pelas mesmas coisas e a lembrei de um dos meus versículos preferidos da Bíblia: "Posso fazer todas as coisas por meio do Cristo que me dá forças".

"Desapegue-se de suas preocupações quanto à sua deficiência e coloque sua fé e confiança de volta em Deus", eu lhe disse. "Volte sua atenção para Jesus. Desapegue-se e deixe Deus agir".

Por que Deus me criou sem braços e pernas? Por que Ele me pôs na posição de inspirar esperança no coração dessa jovem absurdamente magoada? Anseio pelo dia em que possa lhe fazer essas perguntas cara a cara. Ou talvez daí Seus motivos não importarão, somente os resultados.

Em Coríntios 2 1:3-4, o apóstolo Paulo disse: "Bendito seja o Deus e Pai de nosso Senhor Jesus Cristo, o Pai das misericórdias e o Deus de toda a consolação; Que nos consola em toda a nossa tribulação, para que também possamos consolar os que estiverem em alguma tribulação, com a consolação com que nós mesmos somos consolados por Deus".

Tenho a felicidade de lhes dizer que Rebekah se formou no ano seguinte, na classe de 2010. A pedido de seus colegas, ela fez a oração de agradecimento. Pode ter certeza de que ela tocou muitos corações naquele dia e nos dias que se seguiram.

Ela agora põe sua fé em prática por meio da Formed for His Use, sua organização sem fins lucrativos, e ajudando os outros a cumprirem os propósitos de Deus para a vida dos outros e sua própria. Rebekah, antes confortada, agora dá conforto. Ela oferece orientação e inspiração para indivíduos e famílias lidando com suas próprias deficiências. Ao seguir seu coração, ela alcança os feridos, oferecendo-lhes o amor de Jesus Cristo e compartilhando a mensagem do poder transformador de Deus!

SEIS

Vencendo as batalhas interiores

Terri tinha 21 anos quando escreveu para meu website Life Without Limbs a respeito de sua "tortuosa jornada de autodestruição". Ela se viciara na sensação que tinha ao se cortar. Sua ansiedade por essa sensação era tamanha que ela cortou artérias e tendões, arriscando sua vida.

"Era assim que eu era", disse ela sobre seu vício em se cortar.

Em minhas viagens, ouço muitas histórias semelhantes e elas são muito preocupantes. Especialistas em saúde mental dizem que as pessoas que se ferem geralmente não estão tentando se matar, mas em geral se colocam numa posição de risco. É uma estratégia de sobrevivência, mas é como colocar um Band-Aid numa artéria cortada. Os ferimentos não curam nem consertam o problema real. Quem fere a si mesmo geralmente está em busca de um alívio para uma intensa dor emocional da qual tais pessoas, angustiadas, acham que não conseguem escapar de outra maneira.

Terri e outros dizem que sua vontade de se machucar é um vício porque conseguem uma imediata sensação de prazer e calma que os faz continuarem se machucando, por mais que saibam que isso é prejudicial. Em geral, eles preferem se ferir a fazer algo mais prazeroso.

A prática é descrita como um grito sem palavras.

Terri escreveu sobre o tormento que a fez buscar a dor como um alívio para a sensação avassaladora de inutilidade e autodesprezo. Felizmente, essa jovem aceitou ajuda de um profissional. Ela parou antes que sua tendência autodestrutiva a levasse à morte.

Graças ao tratamento e à própria determinação, Terri não se corta há um ano e meio, mas então a tendência suicida começou a assolá-la novamente, escreveu. Mais uma vez, o profissional a ajudou a gerenciar aqueles impulsos potencialmente letais.

Como parte de um tratamento renovado, o médico contou a Terri minha história e sugeriu que ela assistisse aos meus vídeos. Em seu e-mail, a jovem escreveu que minha jornada lhe dera outra perspectiva.

"Se aprendi alguma coisa com a história de Nick foi que, por mais difícil que seja a vida, e por mais tentada que eu me sinta, devo ser grata. Devo ser grata pelo fato de ter braços. Devo ser grata pelo fato de ter pernas. Devo ser grata por conseguir escrever com estes dedos. Devo ser grata por ser capaz de me alimentar, me vestir e cuidar de mim mesma com tamanha facilidade", escreveu Terri.

"Por que destruiria uma dádiva tão preciosa que Deus me deu com uma atitude tão horrível?", acrescentou ela.

A história de Terri é ao mesmo tempo assustadora e entusiasmante. É assustadora porque sua história de impulso autodestrutivo é comum demais. É entusiasmante porque ela sabiamente aceitou aconselhamento profissional e seguiu os conselhos que provavelmente salvaram sua vida.

Mas quero alcançar pessoas como Terri antes que elas se machuquem ou machuquem aqueles que amam. Entendo sua angústia mental, mas sei que há maneiras melhores de lidar com isso do que cortando seu corpo para gerar dor física. Quando pensei e depois tentei o suicídio, quando menino, estava convencido de que meu desespero era único. Eu me sentia sozinho em meu tormento, mas o assustador é que eu era apenas um entre as incontáveis pessoas no mundo que pensam, tentam e conseguem se machucar ou acabar com suas vidas.

Como a maioria dos cortes e outros ferimentos autoprovocados são feitos em segredo, há poucos estudos estatísticos aprofundados sobre pessoas que ferem a si mesmas, que podem incluir arranhões, mordidas, cortes, batidas na cabeça, puxões de cabelo, ingestão de materiais tóxicos e queimaduras. Um estudo sobre os alunos norte-americanos descobriu que 32% relataram se envolver nesses comportamentos perigosos. Especialistas em autoflagelo estimam que de 15% a 22% de todos os adolescentes ou jovens se feriram intencionalmente ao menos uma vez.

Os registros estatísticos de tentativas de suicídio e de suicídios estão mais facilmente disponíveis e são ainda mais alarmantes. Todos os anos, cerca de um milhão de pessoas neste planeta cometem suicídio. Isso significa uma morte a cada quarenta segundos. O suicídio se tornou a terceira maior causa de morte entre os 15 e 24 anos, e a taxa de suicídio aumentou 60% nos últimos 45 anos, de acordo com a Organização Mundial da Saúde.

Recentemente, falei numa escola de ensino médio em Washington, D.C., onde pedi que os alunos fechassem os olhos e depois levantassem as mãos se já tivessem pensado em suicídio. Quase 75% dos 800 alunos indicaram que tiveram este tipo de pensamento. Depois pedi que mantivessem seus punhos fechados se tivessem tentado o suicídio. Quase 80 alunos indicaram que tentaram tirar a própria vida. Não é assustador?

Quem se sente assolado por impulsos suicidas geralmente sente que não tem um objetivo na vida ou que sua vida não tem sentido. Sente que o futuro não guarda esperança porque sua dor, seja por causa de um relacionamento rompido, um problema médico, a perda de um ente querido, sejam outros desafios, parece insuportável.

Cada um de nós tem seus fardos. Entendo o que é perder a esperança. Até mesmo agora, analisando minha tentativa de suicídio – por mais errada que fosse – posso entender o raciocínio do menino triste que eu era. Minha falta de membros não era o problema; minha falta de fé e esperança foi o que deu origem ao meu desespero.

Como nasci sem pernas nem braços, nunca senti falta deles. Encontrei maneiras de fazer a maioria das coisas sozinho. Tive uma infância feliz andando de skate, pescando e jogando "futebol dentro de casa" com meu irmão, irmã e vários primos. Claro que de vez em quando havia incômodos exames médicos e de terapeutas. Na maioria das vezes, porém, não me importava com a atenção favorável que meu corpo incomum despertava. Às vezes, até vinham coisas boas disso. Os jornais e televisão australianos fizeram matérias a meu respeito, louvando minha determinação de viver sem limites.

A violência verbal era rara até que eu atingisse uma idade na qual quase todas as crianças estão sujeitas a tormentos semelhantes no parquinho, cantina ou num ônibus. Minha tendência autodestrutiva veio quando perdi a fé e me concentrei no que não podia fazer em vez do que no que podia. Perdi a esperança no futuro porque minha visão estava limitada pelo que podia ver em vez de me abrir para o possível – e até mesmo o impossível.

Ninguém deveria sentir pena de mim. E ninguém deveria desprezar seus próprios desafios comparando-os com os meus. Todos temos problemas e preocupações. Comparar seus problemas com os meus pode ser útil, mas a perspectiva real que você deveria adotar é a de que Deus é maior do que quaisquer problemas que podemos ter. Sou grato por Terri e outras pessoas terem uma perspectiva renovada e mais positiva acerca de suas vidas, procurando inspiração em mim, mas não sou apenas isso.

Primeiro, e apesar de me faltarem alguns itens no que diz respeito aos membros, tenho uma vida absurdamente boa. Na verdade, minha autoaceitação e autoconfiança juvenis só começaram a ruir depois que eu passei a me comparar aos outros. Então, em vez de me orgulhar do que podia fazer, me ative ao que meus colegas podiam fazer e que estava além das minhas capacidades. Em vez de me ver como alguém capaz, passei a me ver como um incapaz. Em vez de me orgulhar da minha condição única, queria ser o que não era. Meu foco mudou. Eu me senti inválido. Eu me vi como um fardo para a minha família. Meu futuro parecia sem esperança.

Pensamentos e emoções negativas podem assolá-lo e tirar sua perspectiva. Se você não acabar com eles, a autodestruição pode parecer a única fuga porque você não vê outra saída.

Se me sinto morto, por que não tornar a morte uma realidade?

Só consigo acabar com a dor por dentro causando dor por fora!

Muitas pessoas pensam em suicídio e em se ferir. O que salvará sua vida nessas situações é mudar sua perspectiva de você mesmo para as pessoas que você ama, da dor do agora para as possibilidades maiores no futuro.

Quando pensamentos autodestrutivos e de suicídio o atormentarem, recomendo que você pratique sua fé, seja a fé que tem em dias melhores e numa vida melhor, seja a fé de que aqueles que o amam, incluindo seu Criador, o ajudarão a passar por esse tormento. Jesus disse que o ladrão vem para roubar, matar e destruir, mas Ele vem para que tenhamos vida – *uma vida mais abundante.*

MUDANDO DE PERSPECTIVA

Minha tentativa de suicídio por volta dos dez anos terminou depois que minha perspectiva mudou do meu próprio desespero para a dor emocional que meu suicídio provocaria na minha família e em outros entes queridos. Essa mudança, de mim mesmo para aqueles que amava, me tirou do caminho da autodestruição e me fez caminhar na fé. Suas ações impactam os outros. Pense em como a autodestruição pode afetar aqueles que o amam, aqueles que cuidam de você e que contam com você.

Darren escreveu para nosso website dizendo que perdera o trabalho e uma relação, e estava vivendo uma crise financeira, tudo no mesmo ano. Pensamentos de suicídio o assolavam dia e noite. Ele lutou contra os pensamentos autodestrutivos assistindo aos meus vídeos e pensando em seus filhos.

"Não podia suportar a ideia de meus filhos crescendo sem mim", escreveu ele. Darren percebeu que toda vida é marcada por dificuldades, "mas tudo o que você tem de fazer é se levantar, sacudir a poeira, entender que a vida é boa e continuar".

Mas talvez você sinta que ninguém se importa com você. Tudo o que posso dizer é que Aquele que o criou se importa tanto que o fez chegar a esse ponto. Você não quer ver para onde o restante do caminho leva? Você talvez não tenha uma formação espiritual forte. Você pode não se considerar um cristão. Mas desde que esteja vivendo e respirando, há possibilidades de dias melhores à frente. Desde que essa possibilidade exista, você pode colocar sua fé nela e partir daí, um dia de cada vez.

Você teme que eu esteja lhe oferecendo falsas esperanças? Pense que estou escrevendo isso, meu segundo livro, sem ter braços nem pernas! E pense também que estou escrevendo isso como uma pessoa que há apenas 18 anos tentara tirar sua própria vida. Mas hoje sou incrivelmente abençoado como um homem de 29 anos que viaja o mundo para falar para milhões de pessoas, um homem cercado de amor.

VOCÊ É AMADO

Deus vê a beleza e o valor de todos os Seus filhos. Seu amor é o motivo por que estamos aqui e é algo que você jamais deveria esquecer.

Você pode fugir da mágoa, da solidão e do medo. Você é amado. Você foi criado com um objetivo e com o tempo isso se revelará para você. Saiba que, quando se sente fraco, Deus lhe dará força. Tudo o que você precisa fazer é pôr sua fé em prática procurando aqueles que o amam, aqueles que querem ajudar e principalmente seu Criador, pedindo-Lhe que entre na sua vida.

Rejeite pensamentos autodestrutivos. Aniquile-os. Substitua-os por mensagens positivas e orações. Liberte-se da amargura, da raiva e da mágoa, e permita que o amor de Deus entre em seu coração. O reino espiritual é real. A Bíblia diz que, quando oramos, os anjos descem do Céu e lutam por nós contra a escuridão. A escuridão é o exército de Satã tentando enganá-lo e destruí-lo com mentiras e vozes de negatividade. Não precisa ter medo, porque Deus ouve suas orações e nenhum nome é mais poderoso do que o de Jesus.

Algumas pessoas podem decepcioná-lo e pode parecer que algumas até mesmo querem machucá-lo. Mas não Deus. Ele tem um plano para você. Ele se chama salvação e, acredite em mim, vale a pena ficar por perto para ver o que Ele tem para você tanto neste mundo quanto na Eternidade.

Um problema que vejo em muitas pessoas que lidam com pensamentos autodestrutivos é que elas não confiam que nosso Deus é um deus de amor. De algum modo, elas têm uma visão de Deus como um ser vingativo que ataca todos os que não seguem Seus mandamentos. Se cometeram erros ou não viveram uma vida perfeita – seja lá o que isso quer dizer – elas sentem que jamais serão dignas do amor de Deus. Isso não é verdade! Nosso Pai amoroso sempre está disposto a perdoá-lo e a recebê-lo em Seus braços.

Jinny escreveu para me contar que pensara em suicídio porque não sentia o poder de Deus. Ela não está só, principalmente entre os sul-coreanos. Apesar da economia próspera, a taxa de suicídio do seu país dobrou na última década, tornando-se a mais alta entre os países industrializados.

O suicídio é a principal causa de morte entre os sul-coreanos de 20 a 40 anos e é a quarta principal causa de morte entre todos os habitantes do país, atrás somente do câncer, derrames e ataques cardíacos, de acordo com o noticiário. Suicídios em grupo planejados pela internet são cada vez mais comuns. Recentemente, relatou-se que 25 sul-coreanos estavam tirando sua vida todos os dias. Mil e setecentas pessoas cometeram suicídio num só mês (novembro de 2008) como parte de uma onda de "suicídios solidários" a partir do suicídio de uma atriz. A isso se seguiu o famoso suicídio de um ex-presidente sul-coreano que saltou de um penhasco depois de deixar um bilhete dizendo que "não podia suportar a agonia da vida".

O estresse da escola e do trabalho é geralmente citado como um fator em conversas privadas com sul-coreanos, mas há tabus sociais quanto a admitir qualquer coisa publicamente. Procurar aconselhamento psiquiátrico também é visto como uma admissão de falta de caráter.

Falei várias vezes na Coreia do Sul, China, Japão e Índia sobre minhas experiências com ânsias suicidas por causa da alta taxa de suicídio nesses países. Quando falo nessas nações, os indivíduos geralmente me dizem que se sentem sozinhos e desesperançados. Eles não parecem entender que Deus é todo perdão e amor. Jinny escreveu dizendo que pensara várias vezes em suicídio "por causa da minha vida rigorosa. Acredito que Deus é fiel, bom e generoso com os outros, não comigo". Jinny acrescentou que "sempre fracassei [em se matar] quando tentei. Achava que Deus não se importava comigo e que Ele era rígido, frio e severo comigo".

A Bíblia diz várias vezes que devemos temer a Deus, o que não significa que devemos nos aterrorizar ou nos esconder da Sua ira. Em vez disso, esse é um conselho para que mostremos respeito e obediência a Ele ao mesmo tempo em que reconhecemos Sua grandeza. A Bíblia também diz que "Deus é amor". Nunca devemos nos esquecer de que Ele nos ama tanto que enviou Seu Filho para morrer na cruz. Assim, apesar de devermos respeitar Deus, sempre precisamos nos lembrar de que Ele nos ama também.

Ele está esperando que você O deixe curá-lo. Ele não precisa curá-lo fisicamente; só tem de curar seu coração. Ele lhe dará paz, amor e alegria. Ele ouve suas preces, por isso continue orando. E lembre-se de que Deus pode não atender suas preces do modo que você quer ou na hora que quer, mas Sua graça sempre basta.

Quando as coisas em sua vida não fazem sentido, continue orando. Pergunte a Deus o que Ele quer que você faça e permita que Ele o cure internamente. Ele entende que você e eu não somos perfeitos. Somos obras em andamento, mas devemos deixá-Lo trabalhar dentro de nós.

Sua paz será alcançada com o perdão e o amor de Deus. Alguém lhe disse que você não é digno do amor Dele? Minha sugestão é a de que você procure uma segunda opinião! Peça a seu Pai celestial que revele Sua generosidade e seu amor para você. Tire forças da minha história, se isso lhe ajudar, mas saiba que, se você for paciente, emergirá do seu desespero e encontrará esperança.

Você pode ter dificuldade para entender como Ele pode amá-lo. Na Bíblia, Jó teve o mesmo problema em meio a seus percalços e dor. Ele disse: “Se vou para o leste, ele não está lá; se vou para o oeste, não o encontro. Quando ele está no norte, não o vejo; quando ele se volta para o sul, não tenho nenhuma pista dele”.

Mas Jó mais tarde percebe que o amor de Deus por nós está sempre presente. Depois de admitir ser incapaz de vê-Lo, Jó disse: “Porém ele sabe o meu caminho; provando-me ele, sairei como o ouro”.

Não importa o que você tenha feito no passado. Não importa que mágoas você tenha suportado. Deus o curará com Seu amor se você aceitá-Lo. Jinny finalmente compreendeu isso quando parou de ver Deus como um ser temerário. Ela me agradeceu por ajudá-la a ver isso depois de ler meu primeiro livro, *Uma Vida Sem Limites*. Sinto-

-me grato por ter sido parte da sua cura, mas fiquei surpreso quando ela disse que um dos meus segredos foi minha capacidade de rir de minhas circunstâncias e de mim mesmo.

Ela podia sentir o humor de Deus em minhas histórias. "Posso me aproximar de Deus porque Ele me fará rir", escreveu ela. "Reencontrei a paz agora. A paz está comigo apesar de nada ter mudado".

Confie em Deus como Jinny confiou, de modo que, mesmo que sua dificuldade permaneça, sua mente e seu coração estarão em paz. Novamente, viva um dia de cada vez e você superará esses desafios.

VOCÊ NÃO ESTÁ SOZINHO

Quando eu estava contemplando o suicídio, quando menino, cometi o erro de guardar esses pensamentos perigosos para mim. Estava desesperado. Estava com raiva de Deus. Sentia que ninguém podia compreender minha dor. Guardei meus pensamentos negativos para mim porque não estava pensando com clareza, e é assim que tragédias como o suicídio ocorrem.

Claro que não estava sozinho. Estava cercado por pessoas que me amavam e, quando foi a hora de dar mesmo cabo da minha vida, meu amor por essas pessoas me impediu. A ideia de magoá-las com a culpa era difícil demais de suportar.

Depois que meus pais ficaram sabendo de meus pensamentos autodestrutivos, eles imediatamente agiram, apesar de só ficarem sabendo há cinco anos que eu realmente tentei tirar minha vida. Na noite depois que mantive minha cabeça sob a água na banheira, disse a meu irmão Aaron que provavelmente me mataria aos 21 anos porque não queria mais ser um fardo para meus pais. Ele imediatamente contou para meu pai, que sabiamente não agiu exageradamente. Ao contrário, ele me disse que eu era amado e que minha mãe e ele nunca me considerariam um fardo.

Com o tempo, o véu do desespero desapareceu. Ainda tinha períodos de melancolia e ataques ocasionais, mas o suicídio nunca mais surgiu como uma opção. Agora tenho Kanae, e a ideia de perder até mesmo um segundo com ela está além da minha imaginação. Mas, como em tantas outras coisas, sou abençoado por ter tanto amor na minha vida. Muitos dos que pensam em suicídio ou em se ferir não têm a rede de apoio de uma família ou amigos próximos.

Se você está nessa situação, por favor, lembre-se de que não está sozinho. Deus, seu Criador, é quem mais o ama. Eu o encorajo a orar e buscar apoio. Converse com seu guia espiritual, seja ele um pastor, clérigo, padre, rabino, seja qualquer pessoa dedicada a ajudar os outros espiritual e emocionalmente necessitados. Você não deve tentar lidar com o desespero ou pensamentos perigosos sozinho. Se não tem amigos nem família com quem compartilhar seu fardo, você pode encontrar ajuda por meio da sua igreja, seu médico, um hospital, escola ou departamento de saúde mental.

Há também várias fontes de aconselhamento e prevenção de suicídio disponíveis on-line. Hal me encontrou assim, e estou muito feliz por isso. Como eu e outros tantos desesperados e contemplando o suicídio, Hal se isolou. Mais tarde, ele se arrependeu disso. "Não disse a ninguém, o que hoje vejo como meu maior erro", escreveu ele em um e-mail. "Se tivesse contado a alguém que estava sofrendo, talvez tivesse coragem de buscar ajuda em vez de lentamente me aproximar de uma solução permanente para um problema temporário".

Este é um ponto importante. Sua dor e seu desespero não durarão. Você só precisa ver minha vida para entender como as circunstâncias podem mudar drasticamente para melhor. Se você sente que viveu o pior que a vida tem a oferecer, será que você não quer ficar para aproveitar o melhor? Quando eu era um menino, certamente não imaginava as incríveis experiências e pessoas amorosas que me aguardavam. O melhor de Deus o aguarda também.

Por sorte, Hal teve a presença de espírito para lutar contra seus pensamentos suicidas. Ele recorreu à internet, que pode ser um lugar bom ou ruim, dependendo do que se procura. No caso de Hal, ele se deparou com um e-mail de sua mãe que sentira que Hal precisava de encorajamento. (Muito bem, mãe do Hal!) O e-mail que ele me enviou tinha um simples título: "Uau!".

Hal escreveu que, quando assistiu ao meu vídeo naquele dia, irrompeu em lágrimas. Depois ele fez a si mesmo uma série de perguntas e chegou a uma conclusão que pode ter salvado sua vida e certamente a mudou para melhor.

"Como pude ter sido tão egoísta? Como pude ter pensado que cometer suicídio era a única solução? Tenho uma família que me ama, roupas, comida e água em abundância; frequento uma universidade e tenho uma educação com a qual a maioria das pessoas apenas sonha. Apaixonei-me e vi coisas incríveis... e estava prestes a me deixar esquecer disso tudo. Foi isso o que Nick fez por mim. Ele me fez lembrar que a vida é uma dádiva, um privilégio, e não um bem."

Adoro a última coisa que Hal disse: "Nunca fui uma pessoa religiosa, mas sempre acreditei em milagres. Estou vivo por causa deles".

Fico com a voz embargada sempre que conto essa história, até mesmo agora ao escrevê-la, porque o e-mail de Hal continua um link para um dos meus vídeos. Pense nisto: eu já estive na posição de Hal. Se tivesse cometido suicídio, nunca teria feito o vídeo que o ajudou a se livrar do desespero!

Agora pense no bem que Hal pode fazer para ajudar os outros da mesma maneira. Só o fato de ler a história dele neste livro provavelmente já ajudará várias pessoas. Por isso agora sua vida tem mais sentido do que antes. O mesmo serve para você! Você não pode imaginar o que Deus planejou para você. Se já teve vontade de cometer suicídio ou de se machucar, faça o que Hal e eu fizemos. Pratique sua fé e dedique sua vida a Deus. Sempre tiro forças do Salmo 91: "Se você fizer do Altíssimo sua fortaleza – o Senhor, que é meu refúgio – nenhum mal o alcançará".

A MÃO AUXILIADORA

Hal fez com que eu me lembrasse novamente de que, se você ainda não recebeu o milagre pelo qual tem orado, a melhor coisa a fazer é se tornar o milagre para alguém! Se você superou seus impulsos autodestrutivos, eu o encorajo a procurar outras pessoas que precisem de alguém para ajudá-las com desafios parecidos.

Talvez você tenha sentido que alguém que conhece está desesperado, talvez um familiar, amigo ou colega de trabalho. Uma das melhores coisas que você pode fazer é se mostrar para que eles saibam que alguém se importa. Os gatilhos mais comuns de pensamentos autodestrutivos são relações rompidas, problemas financeiros, doenças sérias, um fracasso pessoal, como perda de trabalho ou reprovação num exame, uma experiência traumática, como um acidente debilitante ou um combate militar, e a perda de um ente querido ou até mesmo de um animalzinho de estimação.

Na Bíblia, Paulo disse que acredita que nossos sofrimentos não são comparáveis à bondade e à glória que se revelarão através deles. Minhas provas com minha deficiência valem a pena só de ouvir alguém dizer "Se o Nick consegue, eu também consigo". Podemos ser dádivas e até mesmo milagres uns para os outros, provas vivas de que sempre há esperança.

Apesar de você jamais saber o que está acontecendo no coração de outra pessoa, há sinais a serem observados para que você sinta que alguém está prestes a se ferir. Se você perceber os seguintes comportamentos, esteja presente sempre que possível para seu amigo em necessidade.

De acordo com especialistas, os comportamentos que podem ser indícios do desespero e da depressão que podem levar ao autoferimento ou pensamentos suicidas são:

» Mudanças incomuns nos hábitos alimentares e de sono.

» Isolamento de amigos, família e atividades regulares.
» Ações violentas, comportamento rebelde ou fuga.
» Uso excessivo de álcool e/ou drogas.
» Negligência incomum na aparência pessoal.
» Alteração clara de personalidade.
» Tédio persistente, dificuldade de se concentrar ou declínio no desempenho acadêmico.
» Reclamações frequentes de sintomas físicos, em geral relacionados a emoções, como dores de estômago, de cabeça e fadiga.
» Perda de interesse nas atividades preferidas.
» Intolerância a elogios e recompensas.
» Doação ou eliminação das posses.
» Alegria repentina depois de um episódio de depressão.

Talvez haja outros indicadores, e esses não constituem uma prova, mas, se alguém que você conhece passou por uma experiência traumática, esteja alerta se essa pessoa repetidamente fizer comentários negativos como "A vida é uma droga", "O mundo me odeia", "Sou um perdedor" ou "Não suporto mais isso".

AMIGOS DE VERDADE

Em geral, pessoas perturbadas não querem falar sobre seus problemas. Não as pressione, mas mantenha o canal de comunicação aberto sem dar aconselhamento nem julgar. Só estar presente, sair com essas pessoas e sinalizar que você se importa pode fazer a diferença. Você não tem de resolver os problemas delas. Na verdade, você provavelmente sequer é qualificado para resolvê-los, a menos que seja um profissional da área de saúde mental.

Kate me enviou um e-mail para me agradecer por entrar em contato com sua melhor amiga durante uma palestra. Mas o que me impressionou foi a maneira como Kate apoiou a amiga, sempre presente para ela, até mesmo quando não era fácil. Ela disse que sua antiga amiga "começou a sair dos trilhos" quando elas entraram no ensino médio. A amiga foi diagnosticada com depressão e estava se ferindo. Ela também perdera a fé.

"O mais difícil foi que eu não entendia nada daquilo", escreveu Kate.

Em geral, os amigos e familiares das pessoas perturbadas não entendem por que elas sofrem tanto. O *porquê* pode não estar acessível porque o indivíduo que está se ferindo talvez também não saiba conscientemente por quê. Ou o trauma é simplesmente grande demais para ser compartilhado. Fiquei impressionado porque, apesar de Kate não entender as ações e emoções de sua amiga, ela permaneceu fiel a ela mesmo depois de a amiga tê-la rejeitado.

"Durante todo este tempo, tentei de tudo para ajudá-la com a depressão. Mas como sou uma pessoa feliz que vive ao máximo, ela não queria mais sair comigo, mas não deixei de tentar", escreveu Kate. "Naquele ano, ela tentou cometer suicídio duas vezes, e me doeu muito o fato de ela achar que não havia motivo para ela estar na Terra".

Um mês depois da segunda tentativa de suicídio da amiga, me apresentei na escola delas.

"Estava sentada ao lado dela, e ela não tirou os olhos de você. O que você disse deve ter acionado algo nela, porque durante toda a palestra ela rira um sorriso de verdade, o primeiro em muito tempo", contou Kate em seu e-mail. "Depois de terminarmos, ela insistiu em vê-lo e lhe dar um abraço, o que acabou fazendo mesmo. Depois que você foi embora naquela noite, ela disse que você começara a restaurar a fé dela em Deus".

Kate acrescentou que isso marcara o início do retorno da amiga afligida pelo desespero e autodestruição. Ela escreveu para me agradecer por "trazer de volta minha melhor amiga", mas na verdade a lealdade e a devoção de Kate à sua amiga é que tornaram possível a restauração da amizade.

Às vezes não é fácil ajudar um amigo ou ente querido que esteja lidando com o desespero ou a depressão. Sua lealdade será posta à prova. Você pode se sentir magoado, desprezado ou abandonado. Jamais sugeriria que você permitisse que alguém o tratasse mal. Se isso acontecer, mantenha uma distância segura, mas faça o possível para ajudar. Pode ser simplesmente estar presente para aqueles que estão feridos, ouvindo-os quando estão dispostos a falar sobre seus problemas e os tranquilizando de que são amados e valorizados, e lembrando que há outras pessoas que se importam com eles.

Se você sente que há alguém com mais problemas do que você é capaz de lidar, você deve entrar em contato com um profissional, um clérigo de confiança ou um médico e pedir conselho sobre o que fazer.

A maioria das comunidades tem linhas telefônicas de auxílio à saúde mental e ao suicídio e há várias fontes on-line, como a National Suidice Prevention Lifeline (www.suicidepreventionlifeline.org), a Self-Injury Foundation (www.selfinjuryfoundation.org) e a S.A.F.E. Alternatives (www.selfinjury.com).[1] Você pode encontrá-las on-line procurando por conselho de saúde mental, suicídio, autodestruição e serviços de aconselhamento psiquiátrico.

ESTENDER A MÃO

Eu o aconselho firmemente a consultar profissionais e especialistas em seus esforços para ajudar alguém em perigo de se autodestruir, mas, se a pessoa quiser conversar com você, não perca a oportunidade de lhe estender a mão. Há não muito tempo, falei numa igreja e depois só queria ir para casa. Estava cansado e com fome, e fazia mui-

[1] No Brasil podemos contar, por exemplo, com o CVV (www.cvv.org.br) (N. E).

to frio lá fora. Estávamos rumando para o carro quando vi uma jovem sentada do lado de fora, no frio. Ela tinha a cabeça baixa e parecia estar chorando. Eu ansiava por comida, calor e o restante, mas Deus tocou meu coração e me disse para me aproximar dela.

Natalie estava assolada por ideias suicidas. Com apenas 14 anos, ela fugira de casa e viajara pedindo carona. Um estranho a deixara do lado de fora da igreja. Talvez fosse uma coincidência o fato de eu estar falando ali, ou talvez novamente Deus revelara Seu plano por não permitir que eu acabasse com minha vida há tantos anos.

Natalie despejou seu coração sobre mim. Ela sentia que sua vida não tinha sentido. Ela estava tão perturbada que disse que tentara cometer suicídio naquela mesma noite. Não a julguei nem tentei resolver seus problemas. Ao contrário, compartilhei minha história de frustração e dor quando criança. Disse-lhe que, depois que entreguei minha vida a Cristo, Ele me revelara meu caminho e objetivo de vida. Disse-lhe que já me sentira como ela se sentia, mas minha vida havia mudado totalmente.

Minhas palavras a tocaram. Natalie disse que precisava desesperadamente conversar com alguém que entendesse o que ela estava passando sem julgá-la nem condená-la. Eu lhe disse que havia maneiras de transformar sua dor em alegria, como acontecera comigo. Orei com ela. O pastor e os demais membros da igreja lhe deram conselhos e a ajuda de que ela precisava para voltar para seus pais e ter uma vida melhor.

Hoje Natalie está livre de qualquer vontade de se autodestruir ou de acabar com sua vida. Eu conto a história dela no meu vídeo *Passing on the Torch* [Passando a tocha] no website Life Without Limbs. Você pode imaginar como me senti grato por não ter simplesmente entrado no carro e ido para casa naquela noite. Deus levou Natalie até mim de modo que eu pudesse praticar minha fé e encorajá-la a fazer o mesmo. Se você conhece alguém que está perturbado, por favor, encontre uma maneira de ajudá-lo ou guiá-lo para alguém que possa fazê-lo. Você também pode ser um milagre para alguém. E que bênção é isso!

Aborrece-me saber que há muitas pessoas como Natalie que não estão sendo ajudadas. Há uma geração em perigo de se autodestruir porque não tem esperança nem fé para praticar. Quase três em cada cinco jovens cristãos (59%) se desligam temporária ou permanentemente da igreja depois dos 15 anos, de acordo com uma pesquisa do Barna Group.

Quero ajudar a mudar o rumo disso. O Senhor me deu um entusiasmo enorme para estender a mão para jovens em necessidade. Eu me comprometi a desafiar minha geração a se entusiasmar com o Senhor Jesus Cristo e em compartilhar minha paixão por Ele. Meu objetivo é compartilhar uma esperança que toque ao menos uma pessoa por dia, depois essa pessoa pode tocar outra, e outra, e outra, até que o mundo se torne iluminado por Sua luz gloriosa. Chamo isso de "passar a tocha".

Jesus disse: "Vós sois a luz do mundo (...) Assim resplandeça a vossa luz diante dos homens, para que vejam as vossas boas obras e glorifiquem a vosso Pai, que está nos céus". Acredito de todo o coração que isso é possível e espero que você não perca a oportunidade de ajudar uma pessoa em necessidade.

Por favor, também entenda que, às vezes, pessoas que parecem casos difíceis – hostis ou difíceis de alcançar – são aquelas que mais precisam de ajuda. Jesus não pregou para os ricos e puros; Ele buscou os piores criminosos e pecadores e lhes ofereceu a Salvação. Quando falo em escolas e prisões, geralmente os que reagem à minha mensagem com mais emoção são aqueles que à primeira vista parecem querer estar em qualquer outro lugar a ouvir este cara estranho que quer falar sobre Deus.

Gina parecia ser uma adolescente que não queria ajuda, mesmo que precisasse dela desesperadamente. Gina me contou sua história num comovente e-mail descrevendo uma infância de abuso e conflito. "Meu coração era frio, cercado por uma muralha que mantinha tudo fora dele", escreveu ela. Gina começou a se cortar e se arranhar aos 12 anos.

"Satã estava sussurrando em meu ouvido, me dizendo que a dor era a única coisa real. Eu realmente acreditava nisso e tentei aniquilar a dor de dentro com uma dor que achava que podia controlar", escreveu. "Tentei me matar quatro vezes, mas fracassei. Acho que Deus não estava preparado para desistir de mim tão fácil assim".

Apesar de sua atitude durona e de seus problemas emocionais, Gina permaneceu no grupo de jovens da igreja, o que provou ser uma bênção, porque foi assim que a toquei. Fui convidado a falar na igreja dela.

"Quando você começou a falar, ouvi, mas tentei não me envolver. Era impossível", escreveu. "Tudo o mais desapareceu, e lá estava você, falando que Deus me amava, dizendo que eu tinha um propósito, dizendo que eu podia usar minhas circunstâncias por Ele, falando que sou bela."

Minha mensagem naquele dia, como na maioria das vezes, era muito simples e fora tirada da Bíblia, mas aquela menina de 15 anos a aceitou com o coração.

"Quando você disse que ser perfeito externamente não significa nada quando se está partido por dentro, acho que minha fortaleza começou a esmorecer", escreveu Gina. "Depois disso, tudo o que você disse foi mais um golpe na muralha, até que estava sentada lá, sem defesas, chorando e transformada. Quando orei, minhas amarras se soltaram e eu me senti livre."

Gina disse que minhas simples palavras lhe deram esperança.

"De repente, era possível; eu podia viver; eu tinha um motivo para isso, porque eu era especial... Talvez tenha sido apenas mais um dia na sua vida. Mas para mim foi um dia em que não desisti e, mais importante, o primeiro dia em muito tempo em que não quis desistir", escreveu ela. "Você me atingiu, não tocando minhas mãos com as suas, e sim tocando meu coração com o seu e com o amor do meu Pai. Meu Papai, o Papai que nunca vai me ferir nem causar dor. O Papai que vai me amar pelo que sou, a despeito de todas as minhas falhas e fraquezas."

Gina é uma menina realista que passou por experiências bem difíceis, mas adoro o fato de ela estar colocando a fé em prática um dia de cada vez com esperança em seu coração.

"Não eliminei todas as coisas ruins da minha vida, mas é um começo na direção certa", escreveu ela. "Com o tempo espero poder aprender a usar meu testemunho como você faz, alcançando pessoas feridas e lhes dizendo que elas não estão sozinhas e que há um propósito, que elas são amadas. Você me deu uma das melhores coisas do mundo. ESPERANÇA."

Se você está ferido como Gina, por favor, leia as palavras dela com o coração e coloque sua própria fé em prática. Se conhece alguém que está passando por uma dor emocional e lidando com pensamentos autodestrutivos, estenda a mão para essa pessoa. Até mesmo uma mensagem simples como a minha pode dar esperança de dias melhores e você pode salvar a vida de um dos filhos de Deus.

Eis aqui algumas fontes que você talvez considere úteis para você ou para outra pessoa:

» *Kids Under Twenty One* (KUTO; www.kuto.org) é uma fonte de adolescentes para adolescentes. O KUTO oferece prevenção de crise, intervenção antissuicídio e apoio comunitário por meio da educação e filantropia.

» *National Suicide Prevention Lifeline* (1-800-273-TALK [1-800-273-8255]; www.suicidepreventionlifeline.org) é um serviço gratuito e 24 horas de prevenção ao suicídio. Quem liga é encaminhado para um centro de crise em sua região. Com mais de 130 centros de crises no país, a missão é dar assistência imediata a qualquer pessoa em busca de ajuda mental. Ligue para ajudar a si mesmo ou para ajudar alguém com que você se importe. As ligações são gratuitas e confidenciais.

- » *Teen Line* (1-800-855-HOPE [1-800-855-4673] ou 1-800-TLC-TEEN [1-800-852-8336]; mensagem de texto "TEEN" para 839863; www.teenlineonline.org) ajuda adolescentes a resolverem seus problemas por meio de uma linha confidencial e doações comunitárias. Aberta das 18h às 22h (horário do Pacífico), todas as noites.
- » *ULifeline* (www.ulifeline.org) é um recurso on-line confidencial e anônimo para universitários que buscam informações sobre saúde mental e prevenção de suicídios.
- » *CrisisLink* (1-703-527-4077; 1-800-237-TALK [1-800-237-8255], National Suicide Prevention Line; e 1-800-SUICIDE [1-800-784-2433]; www.crisislink.org) foi criada para salvar vidas e prevenir tragédias. Ele dá apoio a pessoas que estão enfrentando crises de vida, traumas e suicídio, e oferece informações, instrução e links para recursos comunitários para que as pessoas possam se ajudar.

SETE

Lutando contra a injustiça

UMA DAS MAIORES ALEGRIAS da minha vida é visitar meu amigo Daniel Martinez. Descrevo em *Uma Vida Sem Limites* como Chris e Patty Martinez, de Long Beach, levaram seu filho de 19 meses para uma igreja onde eu estava falando em 2008. Eles estavam sentados no fundo da plateia, mas Chris elevou Daniel no ar de modo que eu pudesse ver que seu precioso filho nascera como eu, sem braços nem pernas.

Nesse momento, Daniel era a primeira pessoa que eu conhecera que se parecia comigo. Que situação emocionante! Senti uma ligação imediata com a família Martinez. Mal pude esperar para conhecê-los melhor e lhes dar encorajamento e compartilhar minhas experiências. Minha alegria aumentou quando meus pais vieram da Austrália dias mais tarde, e eles também rapidamente criaram uma ligação com Daniel, Chris e Patty.

Desde então mantivemos contato. Daniel provou ser mais destemido e aventureiro do que eu era quando criança. Deus me pôs nesta vida para servir-lhe como o modelo que eu nunca tive, e me sinto abençoado sempre que nos encontramos. Então você deve imaginar minha preocupação quando os Martinez me contaram que, poucos meses antes, Daniel, então aluno da primeira série, estava com problemas por causa da violência dos outros alunos.

Essa notícia perturbadora me atingiu em cheio. Não importa para onde eu viaje no mundo – China, Chile, Austrália, Índia, Brasil, Canadá – jovens me contam histórias de violência, de serem ridicularizados e perseguidos na escola, nos parquinhos, ônibus e, cada vez mais, on-line. Quase todos os dias ouvimos uma notícia de um jovem em algum lugar que cometeu suicídio ou teve um surto violento depois de ser incessantemente perseguido.

Quando me dirijo a grupos escolares, geralmente me pedem para falar contra o bullying e para que eu peça o fim disso. Claro que esse é um tema bastante pessoal para mim. Os valentões me tinham como alvo fácil na escola. No ensino médio, eu tinha muitos amigos, mas nem isso impediu comentários maldosos e provocações.

Havia um provocador em particular, um menino mais velho chamado Andrew, que realmente me incomodou quando eu tinha 13 anos, gritando algo cruel para mim sempre que me via. Não há uma maneira delicada de descrever o que ele me dizia. Dia após dia, ele se aproximava de mim e gritava: "Nick não tem...!".

É típico dos comentários que alguns caras fazem entre si, e eu teria sido capaz de rir disso se tivesse sido dito apenas uma vez. Mas esse cara era incansável. Já era ruim o bastante não ter os braços nem as pernas. Agora tinha esse galo de briga atacando minha masculinidade numa idade em que os homens são sensíveis a tais coisas. Não ajudou em nada o fato de alguns de seus amigos também rirem de mim, fazendo com que eu me sentisse ainda pior. A maioria das outras crianças na escola não fazia nada, o que também me incomodava. Você pensaria que alguém seria capaz de fazer com que esse idiota calasse a boca, mas ninguém o fez e isso me magoava e me irritava ainda mais.

Você nunca deve permitir que um brigão o faça se sentir mal a seu respeito. Mas sei que é mais fácil dizer do que fazer. Palavras podem machucar mesmo quando você sabe que não são verdadeiras e que só pretendem magoá-lo. Isso serve principalmente quando você é confrontado seguidas vezes diante de seus colegas e amigos - e eles não fazem nada para impedir.

Sempre digo às pessoas que não tenho braços, mas que não sou passivo. Houve um brigão na escola que foi longe demais, e eu o fiz sangrar pelo nariz batendo nele com minha cabeça. Ele era maior do que eu, mas o provocador do ensino médio era muito, muito maior do que eu. (Por sinal, Andrew não é seu nome real. Então meus amigos australianos não precisam se dar ao trabalho de procurá-lo.)

Na época, eu não sabia que o bullying era um problema disseminado e sério. Só sabia que ouvir as provocações de Andrew uma vez por dia me dava nós no estômago e me fazia encolher. Depois de duas semanas de abuso verbal, Andrew e seus insultos eram as primeiras coisas nas quais pensava ao acordar todas as manhãs. Comecei a temer a escola. Eu me percebi o evitando, o que fazia com que eu me atrasasse para a aula. Não conseguia pensar direito. Estava preocupado em me encontrar com Andrew ou me sentindo com raiva e magoado com a última provocação que ele gritara em minha direção no corredor.

Alguns dos meus amigos mais velhos se ofereceram para espancá-lo, mas eu não queria machucá-lo; só queria calá-lo. Por fim decidi confrontá-lo. Tirei energia da minha raiva e medo e usei todo o poder da minha cadeira de rodas contra ele um dia no corredor depois que ele gritou seu insulto de sempre e me envergonhou novamente.

Andrew parecia ainda maior de perto. Foi uma daquelas vezes em que desejei que minha cadeira de rodas tivesse um bate-estacas ou um cabo de força. Mesmo assim, percebi que ele ficou surpreso com minha ousadia.

"Por que você faz isso?", perguntei.

"Faço o quê?", retrucou ele.

"Por que me provoca e diz essas coisas?", perguntei.

"Você se ofende?"

"Sim, me magoa sempre que você diz isso."

"Não tinha percebido isso, cara. Só estava brincando. Desculpe."

O pedido de desculpas dele pareceu sincero, por isso o aceitei e nós apertamos as mãos.

Só brincando!

Na verdade, eu disse: "Eu o perdoo", e isso pareceu surpreendê-lo. Ele nunca mais me incomodou novamente. Tenho certeza de que Andrew não se via como um valentão. Em geral, os valentões não se veem assim. Eles pensam que estão apenas brincando ou provocando ou tentando parecer divertidos. Às vezes as pessoas não percebem que suas palavras ferem.

Mas, quando elas são más, precisam parar ou ser impedidas.

Andrew talvez fosse apenas uma dessas pessoas com dificuldades para lidar com alguém com deficiência. Talvez ele tentasse preencher a lacuna visível entre o normal (ele) e o diferente (eu) me provocando. Fosse qual fosse o motivo, Andrew estava me magoando e arruinando meus dias com seus comentários impensados.

Esses velhos sentimentos retornaram e me doeram como antigas feridas reabertas quando os pais de Daniel me contaram que ele estava sendo vítima de violência na escola. Ele e eu somos muito parecidos, não só fisicamente, como também em termos de temperamento. Daniel é um cara gregário e divertido, e eu sabia que o confronto eliminaria sua alegria e despertaria inseguranças do mesmo modo que acontecera comigo.

Assim, me ofereci para ir até a escola dele e falar com os alunos sobre os perigos e a crueldade do bullying. As autoridades escolares gostaram da ideia. Eles me fizeram falar em todas as turmas, do jardim de infância à quinta série, e eu fiquei feliz em ouvir que a equipe escolar estava fazendo o possível para ajudar. Eles pediram a Daniel que falasse a todos os alunos sobre o que podiam ou não fazer, sobre como ele faz algumas coisas e como é a vida sem braços nem pernas.

O Dia do Daniel foi um sucesso. Deixei claro na escola que era amigo de Daniel e um valentão e que levaria para o lado pessoal se alguém o provocasse novamente. Disse para os alunos serem legais, não cruéis. Além disso, falei sobre os perigos e a crueldade da violência sob minha perspectiva e uma visão global. Também falei sobre o impacto do bullying sobre as vítimas e como reconhecer quando alguém está sendo vítima da violência verbal, e encorajei todos os alunos a se manifestarem e agirem para impedir a violência em suas comunidades.

UM PROBLEMA MUNDIAL

Minha experiência pessoal com o bullying não se encerrou na infância. Recentemente eu estava viajando com amigos e nadando no hotel quando um cara obviamente bêbado fez comentários altos e cruéis a meu respeito. A violência verbal como um problema infantil é um equívoco comum. Diga isso à policial mulher provocada, intimidada e excluída por seus colegas homens. Ou para o senhor idoso que vive com medo dos adolescentes que aterrorizam o condomínio. Ou ao adolescente cuja página no Facebook é bombardeada por comentários cruéis e maldosos.

A violência surge de várias formas, que vão desde palavrões a provocações, rumores maldosos, ataques físicos e ataques cibernéticos que envolvem o uso da internet, redes sociais, mensagens de texto e celulares para perseguir e intimidar os outros. A maioria dos estudos indica que entre 25% e 40% dos jovens sofreram violência na escola. Um relatório da National Education Association de 2011 disse que quase todos os alunos foram expostos ao bullying até se formarem no ensino médio. Esse relatório acrescentou que a violência pode resultar em problemas acadêmicos, sociais, emocionais, físicos e de saúde mental.

Kerry Kennedy, presidente do Robert F. Kennedy Center for Justice and Human Rights, caracteriza o bullying como uma forma de abuso contra os direitos humanos, e em 2010 o Departamento de Educação dos Estados Unidos promoveu a primeira cúpula federal para tratar da violência nas escolas.

A violência não é coisa de criança. Todos vivenciamos formas menores de perseguição e intimidação quando crianças. As provocações no parquinho, contudo, passaram a ser, nas últimas décadas, uma forma mais séria de abuso emocional, físico e mental realizado cara a cara, pela internet ou por celulares. A Organização Mundial da Saúde considera o bullying "um grande problema de saúde pública" nas escolas, no trabalho e na sociedade em geral, que minorias e gays e lésbicas vivenciam com frequência.

A violência no ambiente de trabalho é tão presente e prejudicial quanto a das escolas. Nela está incluído tudo, desde a intimidação verbal e física até a disseminação de rumores, exclusão, roubo de crédito pelo trabalho, ataques pelas costas e o chefe que usa seu poder para exigir coisas que vão além da obrigação profissional. Um estudo feito pelo Workplace Bullying Institute descobriu que 37% dos norte-americanos sofreram violência no ambiente de trabalho e que 40% deles nunca relataram o ocorrido a seus empregadores. Dos que sofreram abuso, quase metade tinha problemas de saúde relacionados ao estresse, incluindo ataques de ansiedade e depressão clínica.

De acordo com vários estudos, as pessoas vítimas de violência ou que testemunham o bullying apresentam um risco maior de se isolarem, abusarem de drogas ou álcool, sofrerem de problemas de saúde e depressão e de se ferirem. Também há relatos cada vez mais frequentes de valentões usando a violência em casos nos quais pessoas inocentes são feridas ou mortas.

A Finlândia, país pacífico, ficou chocada em 2007 depois que um aluno de 18 anos matou oito pessoas em sua escola, incluindo o diretor, a enfermeira e seis outros alunos. O assassino, que atirou em algumas de suas vítimas até 20 vezes, cometeu suicídio depois do ataque. Ele levara 500 balas para a escola e também tentara pôr fogo no prédio. Uma investigação policial confirmou que o atirador fora vítima de violência na escola. Num vídeo publicado antes do ataque, ele exibia a arma e uma camiseta na qual se lia "a Humanidade é superestimada".

Alguns anos antes, um aluno de 15 anos da Califórnia abriu fogo no banheiro masculino da Santana High School com um revólver .38 e depois foi para a quadra da escola. Quando o ataque cessou, ele havia matado duas pessoas e ferido outras 13. O atirador, Andy Williams, era pequeno e vítima frequente de bullying tanto na escola anterior em outro estado quanto na nova escola. Mas os ataques não se limitavam à escola. Alguém invadiu sua casa, remexeu em seus pertences e roubou seu *video game* Nintendo. Em sua nova cidade, seu skate e tênis foram roubados numa pista, e duas semanas antes do ataque Williams foi espancado.

O bullying foi citado no relatório de 2002 do Serviço Secreto dos Estados Unidos como um fato em 71% dos 37 ataques a escolas estudados pela agência. Em vários desses ataques, os atiradores sofreram violência e perseguição "duradouras e graves". Em alguns casos, a violência parecia ter sido um fator que levou o aluno a decidir atacar os outros.

É um problema sério quando você leva em conta que em 85% dos casos não há intervenção das autoridades. As pesquisas também indicam que um valentão tem uma probabilidade seis vezes maior de ser preso até os 24 anos e cinco vezes maior de ter um registro criminoso quando adulto. Os especialistas dizem que os valentões das escolas de hoje são geralmente os predadores sociais de amanhã.

Como menino e homem, minhas experiências com valentões fizeram com que eu me sentisse intimidado, deprimido, ansioso, estressado e doente do estômago. O assustador é que meu caso era ameno em comparação com outros casos. Os relatos de violência que recebo todos os dias por e-mail ou no meu website são realmente perturbadores, assim como histórias contadas a mim por pessoas que frequentam minhas palestras e que conversam comigo em minhas viagens.

Tinha acabado de falar para um grupo de alunos na San Fernando Valley Academy em Northridge, na Califórnia, sobre esse tema, quando um cara grandão com cabelos grisalhos e um cavanhaque se aproximou de mim quando estava indo embora.

"Nick, você se importa se conversarmos por um minuto?", perguntou ele, apresentando-se como Jeff Lasater.

Ele tinha uma tristeza nos olhos, e eu lhe pedi que me desse um abraço.

Seus olhos ficaram cheios de lágrimas quando ele me agradeceu por encorajar as crianças a pararem com as provocações e a violência. Achei que era tudo o que ele queria dizer, mas então Lasater me contou que seu filho Jeremiah havia tirado a própria vida em 2008 por causa da violência constante na escola.

Sua história trágica mostra bem como o bullying pode ser perigoso e como é estressante e prejudicial para alguém ser vítima disso, não importa a idade ou o tamanho. Jeremiah não parecia um alvo fácil para os valentões. Aos 14 anos, ele tinha mais de 1,80 m, pesava 125 kg e era atacante do time da escola como novato na escola de 600 alunos.

Mas a verdade é que os valentões se aproveitam das vulnerabilidades, e todos temos vulnerabilidades. Os valentões descobrem como atacá-lo. Às vezes o atacam fisicamente, mas também podem atormentar as vítimas mental ou emocionalmente.

Os valentões da minha época me atacavam porque eu era fisicamente diferente dos outros. Eles tiravam sarro de mim por minha falta de membros ou porque não podia fazer as mesmas coisas que eles. Eu era um alvo fácil, mas, de certo modo, o tamanho e os modos amenos de Jeremiah faziam dele um alvo ainda mais fácil.

Jeremiah tinha duas vulnerabilidades das quais os valentões se aproveitavam. Ele tinha dificuldade de se enquadrar por causa de uma deficiência de aprendizado, o que tornava a escola especialmente difícil para ele. Ele também era relutante em usar seu tamanho para assustar seus perpetradores porque fora suspenso por briga na escola fundamental. Em vez de se defender dos valentões e de pedir ajuda a seus professores e supervisores, Jeremiah se recolheu e manteve sua raiva para si. Seus amigos o chamavam de um gigante carinhoso, mas disseram que a relutância de Jeremiah em lutar fazia dele um grande alvo para alguém que quisesse provar que não tinha medo de um cara daquele tamanho.

Um amigo lembrou que Jeremiah estava tão atormentado na aula que certo dia finalmente se levantou e disse: "Me deixa sozinho!". Quando os valentões perceberam que Jeremiah não os enfrentaria, o atacaram ainda mais. Os amigos disseram que ele fora vítima de violência desde o ensino fundamental e que o problema só aumentou depois que ele entrou para o ensino médio.

Num dia de novembro de 2008, alguém jogou molho sobre Jeremiah na cantina. Outro aluno tentou lhe tirar as calças, de acordo com o pai de Jeremiah. Irritado, o menino saiu correndo para o banheiro e se trancou numa cabine. Então ele pegou uma arma de sua mala e atirou na própria cabeça.

Ninguém sabia da dor emocional de Jeremiah. Como tantos outros que enfrentaram o bullying, incluindo eu mesmo, esse jovem escondeu sua depressão dos pais e amigos.

"Há um ano fiquei preocupado por ele estar se escondendo no lugar onde as crianças vão para ficarem em paz", contou um dos professores de Jeremiah a um repórter depois da morte dele. "Preferia ver as crianças à solta."

Os administradores da escola disseram que Jeremiah estava na verdade se saindo melhor nas aulas e se sentindo muito bem por ter dado o melhor de si no jogo de futebol americano da sexta-feira anterior ao incidente. Mas eis algo para se lembrar se você provocou alguém ou se conhece alguém que foi vítima de bullying: você nunca sabe o que pode fazer com que alguém extrapole seus próprios limites.

Jeremiah provavelmente se sentia melhor quanto às suas notas e seu desempenho no campo de futebol americano. Talvez jamais saibamos por que ele decidiu tirar sua vida, mas talvez, quando a violência continuou apesar de todas as coisas boas que ele estava fazendo, Jeremiah sentiu que os valentões jamais o deixariam em paz.

Houve tragédias semelhantes, como a morte em janeiro de 2012 de Amanda Cummings, de 15 anos, de Staten Island, em Nova York, que morreu depois de se jogar na frente de um ônibus com um bilhete suicida no bolso. A polícia descobriu que ela estava sendo vítima de violência, por parte de seus colegas, na escola e no Facebook. Uma pesquisa realizada na escola no ano anterior descobriu que 80% dos alunos foram vítimas ou ameaçados de violência.

Uma das amigas de Amanda escreveu no Facebook que esperava que a morte dela perseguisse "aqueles que fizeram Amanda se sentir como se o mundo tivesse dado as costas para ela", de acordo com relatos da mídia.

A mãe de outro aluno que fora vítima de violência na escola de Jeremiah Lasater promoveu uma vigília à luz de velas depois do suicídio de Jeremiah e disse a um repórter: "Sempre haverá violência enquanto ninguém tomar uma atitude".

A violência faz parte do lado negro da natureza humana e certamente está presente desde que há pecado neste mundo. O próprio Jesus foi vítima de bullying de Seus inimigos. Quando preso, Jesus foi interrogado pelo sacerdote Annas sobre Seus discípulos e ensinamentos. Jesus disse que sempre falara às claras, portanto nada havia de secreto. Ele disse que Annas podia questionar aqueles que O ouviram falar a respeito de Suas crenças. Assim outra autoridade do templo bateu na cara de Jesus e disse: "Isto são modos de responder ao sacerdote?".

Gosto do fato de Jesus não recuar desses perseguidores religiosos. Ao contrário, Ele exigiu saber por que a autoridade o espancara.

"Se disse algo de errado, diga o que há de errado. Mas se disse a verdade, por que me bates?", perguntou Jesus.

Acredito que a lição que Jesus estava ensinando nesse caso era a de que ninguém deveria ceder à violência e perseguição. Ao contrário, devemos colocar nossa fé em prática, opor-nos aos que nos intimidam e perseguem e exigir que sejamos tratados com justiça.

Talvez uma provocaçãozinha ou uma piada seja a gota d'água, o golpe final para alguém que você sabe que está sofrendo em silêncio como Amanda ou Jeremiah. Você quer ser a pessoa que permite que isso aconteça ou quer ser alguém que ajuda a impedir uma tragédia desnecessária? Sugiro que você ponha sua fé em prática e se junte aos que se opõem ao bullying, maus-tratos e outras formas de injustiça social como discriminação racial e sexual, perseguição religiosa e escravidão.

Jeff Lasater me contou que está determinado a fazer o que pode para se opor ao tipo de bullying que levou à morte de seu filho. Pouco depois da morte de Jeremiah, seu pai fundou o Jeremiah Project 51 (www.jeremiah51.com), organização sem fins lucrativos que se tornou uma importante força no combate à violência estudantil.

Esse pai acredita que o bullying é como um câncer e que a única maneira de impedi-lo é eliminando-o. O Jeremiah Project 51 (o número do uniforme de Jeremiah era 51) se dedica a eliminar a violência das escolas, uma de cada vez. A organização dispõe de um número de telefone gratuito (866-721-7385) para alunos e pais ligarem se souberem que alguém está sendo vítima de violência. O número permite que o problema seja contado anonimamente. Então a equipe do Project 51 liga para a escola e pede que se faça uma investigação em 24 horas, e depois fazem o acompanhamento.

Os pais também podem ligar para o número em busca de ajuda se seus esforços para alertar a escola a respeito do problema forem ignorados. Novamente a equipe do Project 51 se certifica de que a escola resolva o problema. A organização, com base em Winnetka, na Califórnia, insiste que escolas com relatos de bullying tenham um programa educacional que alerte funcionários, alunos e pais sobre sinais de violência.

O Jeremiah Project 51 também tem um programa de orientação para que os alunos vítimas de violência tenham um veterano na escola que lhes dê apoio e os defenda com a ajuda da organização. O Project 51 promete ajudar alunos e pais a lidar com o bullying, mesmo que isso signifique levar o caso aos conselhos das escolas.

Você tem sorte se nunca foi vítima de violência. Poucas pessoas passam pela vida sem ao menos uma "arremetida" (que é como os australianos se referem ao bullying). Mas há uma grande diferença entre um encontro único com alguém maldoso e ataques duradouros, verbais ou físicos. Os tormentos e as provocações de Andrew contra mim duraram apenas duas semanas; Jeremiah sofreu em silêncio por mais tempo. Apesar de seu tamanho e força, ele sofreu uma perseguição séria e ataques físicos durante anos, de acordo com seu pai. Sua relutância em se opor a seus inimigos e sua falta de apoio apenas pioraram as coisas.

SEJA UM BOM SAMARITANO

As pessoas sujeitas a períodos longos de violência tendem a ser solitárias e introvertidas, com baixa autoestima e mais inclinadas a fugir do que lutar. Também é verdade que as minorias e pessoas com deficiências mentais e físicas são geralmente vítimas de bullying, exclusão e outros tipos de abuso.

Quando eu era criança, o bullying não era considerado um problema sério. Muitas pessoas pensavam nele como parte da vida ou algo com que todos têm de aprender a lidar. Mas o nível de violência aumentou ao redor do mundo. As pessoas estão morrendo por causa disso e vidas estão sendo permanentemente afetadas.

Se você conhece alguém que pode ser um alvo, seja um amigo, familiar, colega de turma ou de trabalho, eu o encorajo a se manifestar e a estar preparado para estender a mão. Os especialistas dizem que entre os sinais comuns de que alguém está sendo vítima de bullying estão:

- » Relutância cada vez maior de ir para a escola ou trabalho ou eventos com os colegas.
- » Recusa de discutir os eventos do dia depois que chegam em casa.
- » Roupas sujas, ferimentos sem explicação e itens roubados.
- » Pedido de dinheiro extra para levar à escola.
- » Armas levadas à escola.
- » Dores de cabeça, problemas estomacais e nervosismo antes de deixar a casa ou depois de voltar da escola.
- » Incapacidade de dormir ou pesadelos constantes.
- » Problemas cada vez maiores de concentração.
- » Grandes mudanças em hábitos alimentares, para mais ou para menos.
- » Pouca ou nenhuma interação social com os colegas.
- » Autoferimento com cortes, arranhões, puxões de cabelo e outros meios.
- » Temor de deixar a casa.
- » Fuga de casa.
- » Queda repentina no rendimento escolar ou profissional.
- » Piora dramática no humor antes de sair de casa ou na volta.
- » Expressões negativas ou autocríticas como estar "cansado da vida" ou "não suporto mais isso" ou "todos me odeiam".

Sei por experiência própria que vítimas de bullying geralmente escondem o problema e a depressão das famílias e amigos, seja por vergonha, seja por medo de piorar as coisas. A maioria das pessoas não encontra uma maneira de fugir de seus perpetradores, o que pode levar a consequências trágicas. Foi o que parece ter acontecido a Jeremiah Lasater e Amanda Cummings.

Não contei a meus pais quando fui provocado porque não queria perturbá-los nem ser um fardo para eles. Percebi que tinha de deixar passar ou lidar com o problema sozinho. As vítimas de bullying *precisam* de ajuda. Mesmo que não peçam ajuda, podem aceitar qualquer esforço para aliviar a situação. Um dos fatores que mais me incomodava no meu encontro com meu inimigo Andrew era a falta de compaixão dos colegas de escola que testemunhavam seus ataques verbais sem fazer nada para ajudar. Fico feliz por ter enfrentado Andrew e mais ainda por ele ter recuado. Mas geralmente me pergunto onde estavam os bons samaritanos naquela época.

A Bíblia nos fala de um "doutor da Lei" que certa vez tentou testar Jesus perguntando: "O que devo fazer para merecer a vida eterna?".

Jesus perguntou ao doutor o que estava na lei escrita.

"Amar ao Senhor teu Deus com todo o coração e alma e com toda a sua força e mente", respondeu o doutor. "E amar seu próximo como a si mesmo."

O doutor da Lei depois perguntou a Jesus: "E quem é meu próximo?".

Jesus respondeu contando a história do bom samaritano, na qual um viajante foi roubado, espancado e deixado para morrer na estrada de Jerusalém para Jericó. Duas pessoas passaram sem oferecer ajuda, mas um terceiro homem, que era de Samaria, o ajudou. O samaritano tratou dos ferimentos da vítima, colocou-o sobre seu burro e o levou a um hospital onde ele foi cuidado. Antes de deixar o viajante, o bom samaritano também lhe deu dinheiro e prometeu voltar a vê-lo.

Depois de contar essa história, Jesus perguntou ao doutor da Lei qual dos três personagens era o verdadeiro próximo da vítima do assalto e ele respondeu: "O que teve misericórdia dele".

Ao que Jesus disse: "Vá e faça o mesmo".

Eu o estimulo a fazer o mesmo.

A Bíblia também nos ensina: "Faça aos outros o que quer que façam a você". Isso é chamado de Regra de Ouro e é um dos princípios mais básicos da vida cristã. É algo semelhante ao ensinamento "Ame o seu próximo como a ti mesmo" e à ideia de que Deus nos tratará como tratamos dos outros.

A FÉ EM PRÁTICA CONTRA A VIOLÊNCIA

Deus quer que façamos a coisa certa e isso inclui nunca deixar alguém sofrer se você puder ajudar. O viajante encontrado pelo bom samaritano fora espancado e roubado. Jesus não hesitou em nos dizer o que espera que façamos se nos encontrarmos na mesma situação. Como filhos de Deus, espera-se que ajudemos uns aos outros. Ficar observando alguém ser perseguido, ridicularizado e marginalizado não é um comportamento nem cristão nem humano. A maioria das pessoas não deixaria que um animal fosse maltratado assim, muito menos um ser humano.

O bom samaritano não apenas deu uma palavra de consolo. Ele interrompeu sua própria jornada, tratou das feridas do homem espancado, levou-o a um lugar seguro e se certificou de que ele seria cuidado até se recuperar. A Bíblia não descreve a vítima, e acho que é porque Jesus quer que sejamos bons samaritanos para todos que precisam, sejam eles como nós ou não.

Tendo isso em mente, eu o encorajo a ajudar todos que você acha que possam ser um alvo. Você pode ajudar sem se expor ao perigo. Se você teme por sua segurança, procure um professor, administrador, chefe, segurança, policial, dê-lhes as informações e peça que intervenham. Suas preocupações serão levadas a sério já que o bullying resultou em tanta violência nas escolas e nos ambientes de trabalho recentemente.

Cada caso é diferente e cada pessoa vítima de violência tem habilidades únicas para lidar ou não com ela. A maioria dos especialistas é contrária ao confronto físico, se possível. Mesmo que você ganhe uma briga com um valentão, não há garantias de que isso acabará com seus problemas.

Estes são os passos geralmente recomendados:

- » Documente o comportamento do valentão certificando-se de que haja testemunhas, incluindo figuras de autoridade, como professores, supervisores, seguranças, policiais ou o departamento de recursos humanos do seu empregador.
- » Com as testemunhas presentes, peça ao valentão que pare.
- » Mantenha um registro dos episódios de violência com datas, horas e lugares para que você possa demonstrar um padrão de repetição. A cada vez, escreva como o bullying o afetou física, mental e emocionalmente. Se a mesma pessoa estiver perseguindo outras, peça que elas documentem a violência da mesma maneira.

CYBERBULLYING E PROVOCAÇÕES POR MENSAGENS DE TEXTO

Há outro tipo de violência que ganhou importância com a popularidade cada vez maior da comunicação pela internet e por mensagens de texto em celulares. Geralmente isso é chamado de cyberbullying; apesar de a pessoa intimidadora não estar presente, essa forma de perseguição é tão prejudicial quanto qualquer outra. Em geral, mas não sempre, o valentão envolvido pode estar perseguindo a vítima pessoalmente também. Também não é incomum que os dois envolvidos se persigam com ameaças, boatos e comentários maldosos.

O cyberbullying tem sido citado como um fator em vários suicídios de adolescentes nos anos recentes. Ryan Halligan, aluno da oitava série de Vermont, tirou a própria vida em 2003 depois que boatos a seu respeito se disseminaram pela internet. Seu pai descreveu isso como um "frenesi" no qual crianças que normalmente não fariam tais coisas se juntavam à crueldade. Em outro caso famoso, Megan Meier, do Missouri, foi supostamente levada a cometer suicídio em 2006 depois de sofrer cyberbullying da mãe de uma colega de classe.

Por causa de tantos casos envolvendo suicídios e cyberbullying, muitos governos agora têm leis contra o uso da internet ou celulares para perseguir e intimidar os outros. Se você sente que alguém o está atormentando com e-mails, publicações em mídias sociais ou mensagens de texto, há várias maneiras de reagir. Se você está morando com seus pais, deve alertá-los imediatamente para que eles decidam o que fazer.

Se você está sendo vítima de bullying, lembre-se de que a batalha mais importante que você tem de vencer é a batalha íntima. O que alguém diz ou faz a você nunca deve definir quem você é. Deus o criou com um objetivo. Você tem valor aos olhos Dele. Tenha fé nisso e depois pratique a fé se colocando acima de qualquer crítica, fofoca ou abuso que tenha lhe ocorrido no passado. Você foi feito à perfeição por Deus. Não deixe que ninguém lhe diga o contrário.

Um valentão quer que você acredite que é menos do que é, porque colocá-lo para baixo o faz se sentir melhor. Você não precisa entrar nesse jogo. Em vez disso, foque em seus pontos fortes. Deus tomará conta do restante. A alegria e a realização virão à medida que você andar no caminho criado para você e apenas você.

ABUSO AO EXTREMO

Uma maneira de seguir adiante se você está sendo vítima de violência ou perseguição é se voltar para ajudar os outros e fazer uma diferença positiva na vida delas, o que prometo que fará uma incrível diferença na sua vida também. Nas minhas viagens, encontrei várias pessoas dedicadas e altruístas que superaram seus problemas estendendo a mão para os outros. Algumas delas foram vítimas de bullying ou ameaçadas por conta de seus esforços, mas perseveraram.

Como citei antes, há muitas formas de bullying no mundo. Sempre que alguém priva outra pessoa de segurança, liberdade e paz de espírito, isso é essencialmente uma violação dos direitos humanos. O bullying é uma forma de violência vivenciada por muitas pessoas. As mais graves formas de violação dos direitos humanos no mundo são a limpeza étnica (também chamada de genocídio), racismo, perseguição religiosa ou sexual, escravidão sexual, tráfico humano e mutilação.

Testemunhei os horrores dos abusos aos direitos humanos de várias formas ao redor do mundo. Em *Uma Vida Sem Limites*, escrevi sobre a "Rua das Jaulas", centro de prostituição e escravidão sexual nas favelas de Mumbai, na Índia, onde o reverendo K. K. Devaraj, fundador da Bombay Teen Challenge (BTC), trabalha incansavelmente para aliviar o sofrimento de mulheres e crianças da escravização, abuso físico, pobreza, doenças sexualmente transmissíveis e vício em drogas.

Meu ministério apoiou "Tio Dev" em seu extraordinário trabalho em Mumbai, e fiquei feliz por descobrir outro cristão que pôs sua fé em prática para arrecadar fundos para o Bombay Teen Challenge. Na verdade, esse cara incomum é ao mesmo tempo cristão e um *knuckleballer*[2]. Em janeiro de 2011, o arremessador R. A. Dickey, do New York Mets, arrecadou fundos e gerou publicidade para o BTC durante sua escalada do monte Kilimanjaro, de 5,8 mil metros de altitude, na África. Depois de chegar ao cume após uma caminhada de 65 km, ele enviou a mensagem "Deus é bom". Aprecio o que R. A. Dickey fez tornando a organização de Tio Dev a beneficiária de sua aventura, principalmente porque o Mets disse ao seu arremessador que, se ele se machucasse durante a escalada, cancelaria seu contrato de US$ 4,5 milhões.

Há muitas pessoas ao redor do mundo que praticam a fé para lutar pelos direitos humanos e contra o abuso dos fracos e oprimidos. Uma das pessoas mais dedicadas que conheço é uma inteligen-

[2] No beisebol, knuckleballer é o arremessador que sabe lançar bolas com efeito (N.T.).

te jovem que podia facilmente se focar apenas na sua carreira como advogada na Califórnia. Conheci Jacqueline Isaac, que tem quase a minha idade, por meio de seus pais, Victor e Yvette. Eles são todos evangelistas cristãos valentes e dedicados, que fazem o trabalho de Deus no mundo árabe por meio de sua organização sem fins lucrativos Roads of Success. Eles produzem um programa de televisão cristão em árabe chamado *Maraa Fadela* (Mulher Virtuosa), apresentado por Yvette, e doam materiais educacionais e inspiracionais. Árabes de todo o mundo assistem ao programa via satélite.

Pouco tempo antes de conhecer Yvette, um homem deficiente numa cadeira de rodas se aproximou dela do lado de fora de uma igreja no Egito. Ele a puxou pela manga e disse: "Você está tão focada nas necessidades das mulheres e crianças. Quando vão começar a se preocupar com *nossas* necessidades? Também precisamos de ajuda".

Yvette se sentiu mal, mas explicou que não tinha nenhuma conexão com pessoas ou organizações que trabalhavam com pessoas com deficiência.

O homem na cadeira de rodas respondeu: "Esta é uma mensagem de Deus. Ele vai lhe trazer a pessoa que a ajudará a ministrar para deficientes. Mas não seja como os outros. Faça o trabalho necessário para nós".

Mais ou menos uma semana mais tarde, um pastor mencionou a Yvette que vira o vídeo de um jovem que seria um ótimo convidado para seu programa de televisão – eu! Ela entrou em contato com a Life Without Limbs e me convidou a aparecer no programa. Nós nos tornamos amigos imediatamente. Chamo Yvette de minha mãe egípcia (não, não *múmia*[3]).

Apesar de o governo egípcio da época não aceitar muito bem evangelistas cristãos no país, Yvette é tão respeitada que conseguiu

[3] Aqui o autor faz uma brincadeira com *mommy*, "mamãe", e *mummy*, "múmia" (N.T.).

organizar uma turnê para mim. Minha mensagem sobre aceitar as deficiências e outros desafios recebeu ampla cobertura da mídia e me levou a conhecer muitas autoridades governamentais e personalidades, como o prefeito de Alexandria e a princesa do Qatar, Sheika Hissa Khalifa bin Ahmed al-Thani, que trabalha nas Nações Unidas em temas relacionados a pessoas com deficiências.

Com o apoio de tantos líderes influentes, Yvette me ajudou a organizar um evento em 2008 no qual eu esperava falar (com a tradução dela) para cerca de duas mil pessoas no Cairo. Ficamos impressionados quando *vinte* mil pessoas apareceram, tornando essa uma das maiores reuniões de cristãos na história moderna do país. O sucesso desse evento abriu as portas para mim em vários outros países do Oriente Médio, como o Kuwait e o Qatar.

A família Isaac me aceitou e se juntou ao meu trabalho em nome dos deficientes ao redor do mundo. Eles fazem tantas coisas boas que é difícil citá-las. Eles também são ativistas para pôr fim a tradições naquela parte do mundo que infringem os direitos humanos, impedem a educação, põem a saúde em perigo e oprimem e prejudicam as mulheres. Além de seu ministério pela televisão e internet, eles promovem concertos cristãos e eventos evangelizadores, viagens missionárias e conduzem iniciativas de oração.

Jacqueline Isaac, que é minha segunda irmã não oficial, é hoje uma personalidade de importância internacional. Ela viveu na Califórnia até os 13 anos, quando sua vida mudou drasticamente de uma adolescência típica norte-americana que girava em torno de escola, amigos, igreja e diversão.

"Quando eu tinha 13 anos, cheguei em casa certa noite e encontrei minha avó morta no chão. Minha avó era minha vida: ela ajudou a me criar, eu dormia ao lado dela todas as noites e ela era sempre a pessoa com a qual eu compartilhava todos os meus segredos. Fiquei chocada! Na verdade, estava com tanto medo, assustada e com raiva que comecei a culpar Deus pela morte dela", contou-me Jacqueline.

A adolescente ainda estava de luto pela morte da avó quando seus pais lhe deram notícias ainda mais chocantes. Eles decidiram se mudar para o Egito, onde continuariam seu trabalho como evangelistas cristãos.

"Eu havia perdido minha avó, minha vida em casa e tudo ao que estava acostumada", lembra Jacqueline. "Foi então que me senti como se estivesse desistindo da vida. Lembro-me também de desistir de Deus. Eu costumava me sentar no meu quarto sozinha e gritar 'Deus, se Você está aí, por que está tirando de mim tudo o que conheço e amo?'"

Analisando agora, Jacqueline percebe que não entendia que Deus tinha um plano muito maior para sua vida do que ela jamais imaginou. "Na verdade, um dia me encontrei com um pastor que estava me dando orientação. Este pastor olhou para mim e disse: 'Você não entende? Deus lhe tirou tudo para que você confie apenas Nele'". Naquele instante, Jacqueline compreendeu o chamado de Deus para sua vida e ela soube que tinha de caminhar na fé, independentemente das circunstâncias.

"Em essência, aquelas circunstâncias difíceis eram exatamente o que eu precisava para me moldar à vontade de Deus", disse ela. "Finalmente entendi o princípio de 'caminhar na fé'".

Meses depois de se encontrar com o pastor, outra pastora, uma texana, estava visitando o Egito. Ela estava liderando uma conferência cristã. Depois do sermão da texana, houve um momento de oração no qual ela se aproximou de Jacqueline e disse: "Jovem, Deus a chamou para um propósito maior. Eu a vejo viajando pelo mundo. Você voltará para os Estados Unidos, mas sempre voltará ao Egito. Eu a vejo voltando ao Egito várias vezes, tirando mulheres e pessoas da opressão. Eu a vejo conversando com grandes autoridades e com os principais líderes do país. Quando você falar, eles ouvirão, e Deus lhe dará unção e privilégio. Você se perguntará: 'Quem sou eu para ter a honra de conversar com estas pessoas?'".

Jacqueline se sentiu ao mesmo tempo surpresa e humilde ao perceber que aquelas palavras eram uma dádiva de Deus. “Tive de me apegar às Suas palavras e realmente acreditar que, mesmo não tendo importância, educação e posição naquele momento, Deus exerceria Sua obra em mim”, disse.

Aos 15 anos, Jacqueline foi aceita por uma faculdade norte-americana, mas ela abandonou a biologia e seus planos de se tornar médica depois que um de seus mentores disse que ela estava destinada a ser uma embaixadora. “Você preencherá a lacuna entre dois mundos e, quando falar, as pessoas ouvirão”, disse-lhe ele.

Jacqueline, então, percebeu que seu destino estava ligado à casa dos pais no Egito. “Sabia que Deus tinha um plano de me levar de volta para o Egito. Durante a faculdade, caminhei na fé e permiti que Ele realizasse um incrível trabalho em mim”, disse. “Mesmo quando parecia inacreditável, percebi que, quando parece impossível, agarre-se a Deus, que torna possíveis sonhos e maravilhas!”.

Jacqueline cumpriu aquela visão. Ela agora trabalha com líderes religiosos e governamentais e ativistas sociais para mudar o Egito. Quando se mudou para lá, ainda adolescente, Jackie ficou impressionada pela opressão das mulheres e chocada que até mesmo algumas de suas parentes egípcias foram sujeitas à horrível tradição da mutilação genital. Quando ela questionou os adultos e até mesmo clérigos a respeito daquilo, eles negaram a prática. Outros disseram que só era feita para “proteger” jovens do sexo antes do casamento. A UNICEF estima que até 140 milhões de mulheres ao redor do mundo foram sujeitas a essa cruel tradição cultural, que se mantém disseminada no Egito, Etiópia e Sudão, sendo que alguns grupos também a praticam no Quênia e em Senegal. Muitas pessoas nesses países acreditam que esse costume infligido a crianças de 15 anos é uma obrigação religiosa, mesmo que nenhuma grande religião a exija. Outros acreditam que essa mutilação protege as meninas da atividade sexual até que estejam preparadas para o casamento.

"Tudo o que sabia era que essas meninas tinham partes do corpo removidas, e era horrível", contou-me Jackie. "Todas essas coisas me deixam abalada. Eu podia ter sido uma dessas meninas, não fosse pela graça de Deus na minha vida. Fui abençoada o bastante por ser uma egípcia-americana e me sinto obrigada a ajudar as mulheres do meu país a compreenderem seus direitos e liberdades."

Depois que Jackie voltou aos Estados Unidos para se formar em direito, ela se tornou uma defensora dos direitos humanos no Egito e em toda a Ásia, África e no Oriente Médio. Ela faz viagens frequentes a regiões agrícolas do Egito e outros países em sua campanha. Muitas vezes os clérigos e líderes comunitários tentam esconder ou mentem sobre tais práticas, até mesmo quando jovens mulheres são sujeitas a elas em segredo. Ao ficar sabendo que um religioso estava dizendo às mães para mutilarem suas filhas, Jackie o confrontou. Ele lhe disse: "É melhor cortar seu braço direito do que ter seu corpo todo queimado no Inferno", o que significava que era melhor para as meninas terem seu corpo mutilado a correrem o risco de fazerem sexo fora do casamento.

Como médicos e hospitais não realizam esse procedimento ilegal, ele é às vezes realizado em barbearias ou por parteiras e religiosos. Infecções, hemorragias internas e outros problemas médicos de longo prazo são comuns. Minha amiga se pôs em situações de risco opondo-se contra essa e outras práticas abusivas, mas ela sente que é necessário pôr sua fé em prática em nome das mulheres e meninas nos países onde elas continuam sendo oprimidas e vitimadas.

"Certa vez, estávamos acompanhando um médico e pastor para falar para trezentos aldeões, e meu coração estava batendo a cem quilômetros por hora. Ele estava amedrontado também. Ele sabia que haveria resistência, por isso orei a Deus, perguntando a Ele o que eu diria àqueles homens. Eles não faziam ideia do que eu falaria. Temia que me matassem quando lhes dissesse que a mutilação genital era má e perigosa."

Jackie acredita que a oração é um instrumento para superar todos os medos que possam surgir quando você pratica sua fé para impedir a opressão. Ela diz que a oração pode gerar vitória em todas as circunstâncias.

"Quando estava a uns dois minutos da igreja, senti a paz do Espírito Santo sobre mim. Foi quando soube que as palavras que sairiam da minha boca não seriam minhas; seria Deus falando através de mim. Era Deus quem traria a vitória. Seria Deus quem me ajudaria e seria Deus quem tocaria o coração daqueles homens", disse ela.

Quando ela se pôs a falar aos homens, a misericórdia e a graça de Deus caíram sobre ela. Em vez do resultado temido, o produto foi celestial, e Deus gerou reações incrivelmente positivas dos homens que ela temia.

"Eles levantaram as mãos. Estavam de joelhos, implorando pelo perdão de Deus e se arrependendo de suas ações sobre suas filhas", disse. "Só conseguia pensar que, se tivesse deixado o medo se apoderar de mim, Deus não teria me usado daquele modo inimaginável".

Jackie explicou aos homens que muitas de suas esposas não queriam fazer sexo porque foram mutiladas quando jovens, e o sexo era doloroso para elas. Normalmente é considerado ofensivo que uma mulher de fora mencione sexo, mas eles reagiram pedindo perdão e prometendo nunca mais permitir a mutilação.

"Senti que Deus estava me protegendo com Sua ajuda", contou-me Jackie. "Foi muito comovente. Testemunhamos muito arrependimento".

Noutra ocasião, quando começou com seus esforços, Jackie foi a uma vila pobre e perigosa para falar com mulheres sobre suas experiências com a mutilação genital, o que era considerado um tema tabu. Várias pessoas lhe disseram para não ir, "mas eu sentia em meu coração que Deus estava me levando lá. Eu O senti me dizendo que era importante cuidar 'pelo menos destes' aldeões na vila cheia de ladrões, lixo e pobreza".

Jackie disse que "seguiu o sussurro em seu coração" e foi, apesar do medo. Ela estava falando com algumas mulheres quando dois homens entraram no apartamento. Um tinha uma faca e eles começaram a discutir se Jackie poderia ficar. Enquanto brigavam, o homem com a faca caiu perto dos pés de Jackie. "Comecei a orar e pedir a Deus para controlar a situação. Evoquei o nome de Jesus e, de repente, o homem se levantou, olhou para mim e saiu correndo", disse. Jackie considera isso "um relato incrível de fé".

"Percebi com isso que, quando o perigo se aproxima, é porque Deus está prestes a fazer algo incrível que Satã quer impedir", disse. "A questão é como enfrentar tais circunstâncias. Afastando-se ou enfrentando Satã com a armadura de Cristo? Estou tão feliz por permanecer no lugar naquele dia, não só porque fui capaz de ouvir as histórias das mulheres, mas também porque Deus me usou para convencer o pai da casa a nunca circuncidar suas filhas de novo. Na verdade, este pai começou a falar com os outros homens na família e na vila sobre como era errada a prática".

Ao seguir a orientação bíblica de "não ter nada a ver com os feitos improdutivos da escuridão, e sim expô-los", trabalhei com Jackie e seus pais para ajudar na sua missão no Egito e em outros países, mas a demonstração da prática da fé dessa jovem em situações de perigos é incrível.

Desde a revolução da Primavera Egípcia que derrubou o governo em 2011, Jacqueline se envolveu com a manutenção da paz, com a criação de consenso e com a defesa dos direitos humanos lá. Ela trabalha com líderes cristãos e muçulmanos e também com eruditos, ativistas e jovens revolucionários para criar um acordo de paz e direitos humanos, conhecido como Acordo de Paz de Cannes, para o país. Ela também criou um movimento de coalizão chamado God Created All para unir os egípcios que vivem ao redor do mundo. Em reconhecimento por seu trabalho no Egito, Jacqueline foi convidada pelo xeque mais importante do mundo para ser a representante norte-

-americana da Family House, comitê organizado por líderes religiosos egípcios para estimular a cooperação entre cristãos e muçulmanos.

"A promessa que Deus me fez quando jovem está se realizando em todos os detalhes hoje", contou-me Jacqueline. "Sim, às vezes é perigoso, mas é como um fogo no meu peito. Há medo e preocupação quanto ao que estou fazendo, mas não posso exterminar o entusiasmo e, depois da revolução no Egito, há uma grande oportunidade de fazer a diferença. Então agora eu dou um passo de cada vez".

A Bíblia diz: "Ele te declarou, ó homem, o que é bom; e que é o que o SENHOR pede de ti, senão que pratiques a justiça, e ames a piedade e andes humildemente com o teu Deus?". Injustiças como o bullying, crimes, perseguição religiosa e outras violações dos direitos humanos são responsáveis por boa parte do sofrimento no mundo. Nunca o aconselharei a correr riscos como Jackie tem feito, mas se você for uma vítima ou se conhece alguém que está sofrendo abuso, por favor, avise alguém que possa ajudar. Coloque sua fé em prática contra a opressão e a injustiça de qualquer modo possível. E, mais do que tudo, ore por um mundo onde todos os indivíduos possam viver bem e em paz, seguindo o propósito de Deus.

Você vai orar por si mesmo primeiro? Ore para que, se você estiver fazendo algo que pode ser visto como uma semente da morte por meio da perseguição, fofoca ou violência, Ele possa ajudá-lo a mudar. Você orará para que Deus proteja seu coração quando os outros o afetarem? Sem oração somos fracos, mas com oração temos a força Dele por trás de nós.

Você também orará comigo para que esta geração seja a geração que deixe de ser passiva e que se ponha a ajudar? Ore por sua escola, pelos valentões e por seu coração a fim de que todos permaneçamos alertas para fazermos a diferença neste mundo.

OITO

Desistindo para alcançar algo mais elevado

MEUS INCRÍVEIS AMIGOS GARY e Marilyn Skinner tinham um plano modesto em 1983. Eles já eram casados e deram início a uma família no Canadá, país de Marilyn. Mas Gary, nascido numa família de missionários e criado no Zimbábue, sentiu Deus o chamando para criar uma pequena igreja na arruinada Kampala, capital de Uganda.

Sua missão de criar uma igreja pode ter sido simples, mas a decisão de deixar a segurança do Canadá, não. Uganda estava no meio de uma violenta guerra civil na qual centenas de milhares de pessoas foram mortas ou tiveram de se refugiar. Guerrilhas, ladrões, assassinos, seca e doenças transformaram o rico país antes conhecido como "a Pérola da África" num dos países mais pobres do mundo. O caos e a guerra foram exacerbados por uma epidemia de HIV/AIDS que destruía também a sociedade ugandense.

Dois anos depois de criar a igreja, esse dedicado casal de cristãos acrescentou outra grande tarefa à sua missão depois de encontrar várias crianças vagando pelo interior, abandonadas nas cidades e deixadas para morrer. "Tínhamos a maior taxa de infestação do mundo na época. Senti firmemente Deus dizendo 'Cuide das Minhas crianças'", contou-me Gary quando fui visitar sua família e ele.

Marilyn disse: "Deus não estava impressionado com a grandiosidade da nossa igreja. Ele nos disse para cuidarmos dos órfãos. O choro das crianças ofendia Deus".

Eles deram início ao Watoto Child Care Ministries numa pequena casa alugada, mas suas ambições eram maiores do que qualquer casa: dar às crianças necessitadas um lar, educação e cuidados médicos num país com cerca de dois milhões de órfãos.

Durante uma turnê de palestras pela África, visitei um dos três incríveis santuários que os Skinner criaram para mais de duas mil crianças. Em seus belos e arrumados terrenos, grupos de oito crianças vivem com mães temporárias em mais de 200 casas. Cada vila oferece escolas e clínicas médicas com eletricidade, água corrente e sanitários. Essas amenidades modernas, raras na maior parte de Uganda, foram em grande parte doadas por voluntários ao redor do mundo que se ofereceram para ajudar o incrível exemplo de fé em prática dos Skinner.

Muitas das crianças chegaram ao Watoto recém-nascidas e permanecem até a adolescência, mas os Skinner também dão apoio financeiro para que jovens qualificados possam obter diplomas de educação e se estabelecer em vidas produtivas. Hoje mais de 50 crianças Watoto estão na faculdade. E muitas mais seguirão o exemplo. Em média, as casas das vilas recebem 15 crianças abandonadas ou órfãs por mês. Muitas das que entram na Watoto são soropositivas, mas o tratamento com antirretrovirais e os anticorpos das mães geralmente elimina o vírus de seus corpos, de acordo com os Skinner.

Os Skinner têm obtido um incrível sucesso a despeito das décadas de conflito, destruição e atrocidade a seu redor. Em 2004, cerca de 20 mil crianças foram abduzidas por rebeldes que obrigaram os meninos a aterrorizarem suas próprias comunidades como guerrilheiros. As meninas eram estupradas e forçadas à escravidão sexual.

O lema da Watoto é Resgatar, Criar, Reconstruir. O objetivo da instituição é resgatar uma geração perdida para a guerra, a doença e a pobreza e transformar os sobreviventes em líderes cristãos educados e produtivos, dispostos a reconstruir o país. Os Skinner também cuidam das necessidades das muitas mulheres pobres e violentadas da região por meio do programa Living Hope, que lhes dá educação e treinamento vocacional, além de aconselhamento para lhes dar um objetivo, dignidade e um futuro.

Marilyn me contou que eles continuam com seu trabalho apesar dos roubos, das ameaças e da violência ao longo dos anos. Mais de uma vez, eles corajosamente entraram nas regiões mais perigosas a fim de realizar a obra de Deus. Há alguns anos, os Skinner realizaram uma missão no norte de Uganda para resgatar crianças escravizadas por forças rebeldes. Geralmente eles não sabem como realizarão sua missão sob condições tão difíceis, mas seguidas vezes colocaram sua fé em prática e se renderam a Deus.

"No começo, só queríamos dar início à nossa igreja e pregar, mas Deus disse que Ele não nos enviara a Uganda para fazer o que queríamos. Ele nos enviou para fazer o Seu serviço, ajudando as pessoas necessitadas", disse Marilyn. Mesmo assim, a igreja deles hoje tem mais de 20 mil membros em oito localidades. A missão deles ainda está crescendo, porque a necessidade é enorme, disse Gary. "Mas nosso Deus é grande, e acreditamos que podemos fazer a diferença", acrescentou.

Hoje, parte do mundo conhece os Skinner e sua incrível missão por causa das apresentações do renomado Coro Infantil Watoto, que grava músicas e viaja pelo mundo se apresentando em Concertos pela Esperança e arrecadando fundos para que possam continuar aumentando sua missão e fazer não o que eles querem, e sim o que Deus quer.

O PODER DA RENDIÇÃO

A ideia de rendição pode ser difícil de entender porque muitos de nós associamos o termo ao fracasso ou desistência. Quando os Skinner renderam seus objetivos iniciais em Uganda para seguir o plano maior de Deus, eles não abdicaram de nada, a não ser da ilusão de que estavam no controle. Eles perceberam que Deus, em toda a Sua sabedoria, tinha uma visão maior para eles, uma visão que superava qualquer plano que podiam ter concebido no Canadá.

Desistir teria significado abandonar a África e suas milhões de almas necessitadas. Em vez disso, eles aceitaram que o Pai celestial sabe o que é melhor. Eles confiaram em Deus e disseram: "Não sabemos como vamos fazer o que o Senhor quer que façamos, mas confiaremos na Sua sabedoria e confiaremos na Sua força para atingir o propósito que o Senhor planejou para nós".

Você sem dúvida deve praticar a rendição na sua vida – momentos em que você tem de desistir de tentar direcionar coisas que estão além do seu controle e focar em fazer seu melhor, um passo de cada vez, usando dons, talentos, habilidades e inteligência que tem à sua disposição. Você provavelmente já fez isso sem pensar. Talvez você tenha mudado de carreira por causa da recessão ou porque perdeu o emprego. Você não desistiu. Ao contrário, você apenas aceitou as circunstâncias para além do seu controle que mudaram a situação. Você ajustou seus planos com base nas oportunidades que continuaram e depois seguiram com confiança em sua capacidade de sobreviver e prosperar.

O que lhe acontece não importa tanto quanto como você reage. Como cristão, minha reação é deixar de lado e permitir que Deus me mostre Seu plano. Sempre consigo ver quando estou fora de sincronia com o que Ele quer para mim. Nesses momentos me sinto frustrado, perdido e deprimido – exatamente como me senti quando pré-adolescente, tentando descobrir como poderia sobreviver e prosperar num mundo criado para pessoas com braços e pernas. Estava preocupado em desvendar minha vida enquanto Deus já tinha Seus planos feitos.

Render-se tem a ver com desistir da ilusão de que você está no assento do motorista. Sim, você decide como agir, quando agir e a atitude que apresenta ao mundo. Sim, você deve sonhar e ter objetivos de vida com base no seu entusiasmo. Mas é uma ilusão pensar que pode determinar o que lhe acontece e o que acontece ao seu redor. Então tudo o que podemos mesmo fazer é nos preparar para gerenciar o pior e fazer nosso melhor. Isso significa desenvolver nossos dons ao máximo, de modo que, o que quer que aconteça, tenhamos fé em nossa capacidade de perseverar e seguir adiante.

A necessidade de controlar tudo ao nosso redor pode, na verdade, ser um problema. Eis um exemplo de algo que não posso fazer sozinho, mas você provavelmente pode. Agora mesmo, feche seu punho ao máximo. Você tem poder sobre sua mão desse modo, certo? Assim, se alguém lhe oferecesse a chave de uma BMW novinha, você deixaria a oportunidade passar somente para permanecer no controle ou abriria a mão para receber o presente? O mesmo vale para nossas vidas. Quando passamos o tempo todo tentando permanecer no controle, arriscamos perder as bênçãos que podem surgir colocando a fé em prática e abdicando. Se os Skinner tivessem se prendido ao sonho de criar uma igreja em Uganda, teriam perdido a oportunidade muito maior de exercer uma influência positiva sobre milhares de pessoas e talvez até mesmo sobre a nação.

Nunca o aconselharia a desistir de seu sonho, mas eu o encorajo a expor sua vida às maiores possibilidades e oportunidades abdicando do controle absoluto e contínuo. A ideia toda de alcançar a vitória se rendendo é difícil de compreender, a não ser que você seja casado, claro. *Estou brincando!* Bem, talvez não totalmente... Acredito que, quando você está numa relação com alguém, você cede a várias coisas. Você recua de seu comportamento egoísta e autocentrado.

Você abdica da necessidade de sempre ter razão. E, claro, abdica do controle remoto da televisão!

Num nível espiritual mais profundo, quando você se compromete com uma relação de amor com Deus, você se rende a Seu plano para sua vida e, de repente, o ato de rendição perde toda e qualquer conotação negativa. Ao contrário, ele se torna uma experiência feliz e poderosa. Muitas vezes me perguntam como posso afirmar ter uma boa vida sem braços nem pernas. Quem pergunta supõe que eu esteja sofrendo por causa daquilo que não tenho. Eles olham meu corpo e se perguntam como posso dedicar minha vida a um deus que permitiu que eu nascesse sem os membros. Outros tentaram me animar dizendo que Deus tem todas as respostas, que estarei no Céu um dia, que descobrirei quais são Suas intenções. Ao contrário, opto por acreditar e viver pelo que diz a Bíblia, isso é, que Deus é a resposta hoje, ontem e sempre.

Quando as pessoas leem sobre minha vida ou me testemunham vivendo-a, elas tendem a me parabenizar por ser um vitorioso sobre minhas deficiências. Digo-lhes que minha vitória advém da rendição. Ela vem todos os dias quando reconheço que não posso fazer isso sozinho. Assim, digo a Deus: "Eu lhe cedo isto, Senhor!". Uma vez dito, o Senhor pega minha dor e a transforma em algo bom, que me traz alegria de verdade.

O que era esse algo bom? Para mim, é objetivo e importância. Minha vida importa. Quando não encontrava sentido e propósito para minha vida, me rendi à necessidade disso e Deus interveio. Ele deu à minha vida um sentido quando ninguém e nada mais podia me dar.

Se você gosta de trocadilhos, eis outra maneira de compreender o que acontece na minha vida todos os dias. Coloque a palavra "Ir" diante da palavra "deficiente" e, com alguma criatividade, você de repente lerá "Deus é capaz"[4]. Aí está. Pode ser *deficiente*, mas Deus é

[4] Aqui o autor usa um trocadilho intraduzível. Ele sugere que se use as palavras "Go" (ir) e "disable" (deficiente), a fim de que se obtenha a frase "God is able" (Deus é capaz) (N. T.).

capaz. Ele torna tudo possível. Onde sou fraco, Ele é forte. Onde tenho limitações, Ele não tem. Assim a minha vida sem limites é resultado da rendição de meus planos, sonhos e desejos, tudo por Ele. Eu não desisto, mas me rendo. Abdico de todos os meus planos para que Ele possa me mostrar o Seu caminho.

A Bíblia está cheia de referências a isso, dizendo-nos: "Porque eu, o SENHOR teu Deus, te tomo pela tua mão direita; e te digo: Não temas, eu te ajudo". As Escrituras também dizem: "Eu sou o SENHOR, e vos tirarei de debaixo das cargas" e "Porque eu bem sei os pensamentos que tenho a vosso respeito, diz o SENHOR; pensamentos de paz, e não de mal, para vos dar o fim que esperais".

No Antigo Testamento, Deus ordena a Abraão que mate seu filho Isaac como um sacrifício para expiar o pecado. Abraão segue adiante, mas sem nada dizer a Isaac. Ele apenas pede ao filho que o acompanhe ao que Isaac pensa ser uma cerimônia de sacrifício de um cordeiro na montanha. Enquanto subiam a montanha, Isaac pergunta onde está o cordeiro. Abraão diz que Deus o proverá, mas, ao chegarem ao cume, o pai diz ao seu filho que *ele* seria sacrificado.

Isaac não reluta. Ele também se rende à vontade de Deus, sabendo que o caminho de Deus é o único caminho, não importando o que ele sente ou deseja. Felizmente, para Isaac, aquele era um teste de fé. Quando Abraão estava prestes a matar seu filho, um anjo interveio e o impediu.

Há dois exemplos de rendição nesta história, porque tanto Abraão quanto Isaac se rendem à vontade de Deus com base na fé. Devemos fazer o mesmo em nossas vidas, percebendo que, onde somos fracos, Ele é forte. Nas Escrituras, Deus disse: "A minha graça te basta, porque o meu poder se aperfeiçoa na fraqueza". Assim, quando Deus nos manda sonharmos grande, podemos fazê-lo, sabendo que Ele pode tornar o sonho uma realidade.

Se você já rendeu sua fé a Deus, e a vida continua lhe impondo obstáculos, use a graça divina e diga: "Se for Sua vontade que eu realize este sonho, me ajude". Acredito que o caminho de Deus é o único que nos leva a realizar nosso potencial. Meu conselho é saber tudo o que for possível e render o resultado para o conhecimento Dele. Com o tempo, o quebra-cabeça se resolverá. Como diz a Bíblia, "Sua sabedoria é profunda, seu poder é vasto".

Você pode estar se preparando para se mover, diante do abismo, mas paralisado pelo medo, porque não tem certeza de que pode fazer. Tente render-se a Deus. O que é necessário para que você Lhe confie isso? Eu o encorajo a avaliar o custo de como seria sua vida sem Ele, sem o Senhor em todas as decisões. Acredite nas promessas Dele para você hoje. Permita que Ele seja sua alegria e satisfação. Peça a Deus para definir o propósito *da* sua vida *por toda* a sua vida. Peça-Lhe a fé de que você precisa para tanto.

Quando me libertei da amargura pela minha falta de membros, não abdiquei dela por nada. Tive fé de que Deus interviria. Acreditei que Seu poder divino me faria superar tudo o que me faltava. Ao me render a Deus, senti uma força que ia além de mim. A pouca fé que eu tinha aumentou para além do que eu achava possível. Ele graciosamente me permitiu fazer parte da mudança na vida das pessoas. Deus me mudou por dentro para que eu pudesse ser usado como Seu meio e levar Seu nome ao redor do mundo. Quando pratiquei minha fé e rendi meus planos a Ele, comecei uma nova vida de incrível alegria e satisfação para além do imaginado.

CEDENDO A DEUS

Há alguns anos, uma jovem mulher me contou sua incrível história de rendição, uma história que certamente vai emocioná-lo e inspirá-lo também. Ela começou seu e-mail de uma forma bem direta: "Meu nome é Jessica. Tenho 26 anos e fui diagnosticada com câncer na faringe quando tinha 18 anos".

Jessica havia se formado no ensino médio em Pleasanton, Califórnia, e começado seu primeiro ano na Universidade Estadual da Califórnia, Hayward, quando se consultou com um médico por causa de uma sinusite persistente. O médico ficou surpreso ao encontrar um enorme tumor em sua cavidade óssea. Era uma forma avançada de câncer maligno que geralmente afeta homens asiáticos mais velhos. Ela não era nem asiática nem homem (claro), mas o diagnóstico estava correto. Seu tratamento foi intenso e doloroso.

Essa jovem mulher foi submetida a 45 minutos de radiação por dia, cinco dias por semana, durante vários meses, em combinação com cerca de seis meses de quimioterapia. A radiação causou queimaduras graves na parte de dentro da sua garganta e a quimioterapia lhe causava náuseas contínuas. Ela não conseguia comer, por isso os médicos tiveram de alimentá-la por um tubo a fim de mantê-la forte o bastante para suportar o tratamento.

Quando Jessica foi diagnosticada com câncer, seus sonhos pareceram desabar. Ela teve de abandonar a faculdade no primeiro ano e sair de seu trabalho porque estava tão doente que mal conseguia se levantar da cama. A quimioterapia fez com que seus cabelos caíssem. A radiação queimou sua garganta, de modo que ela não podia comer. Sua dor era, em suas próprias palavras, "terrível, para além do suportável".

Apesar da agonia e do sofrimento, Jessica escolheu aquele momento para pôr sua fé em prática por meio da rendição. "Foi durante esta época que meu coração começou a se focar na direção certa", disse ela. "Quando você está perto assim da Eternidade, isso o faz realmente examinar sua vida para garantir que está de bem com o Salvador. Queria ter certeza de que meu coração estava verdadeiramente comprometido. Não queria apenas me contentar com alguma profissão de fé; queria ter certeza de que minha vida estava correta".

Escrevi antes que Deus não nos deixa doentes, mas Ele usa a doença e outros desafios para nos aproximarmos Dele, de modo que possamos colocá-Lo no centro de nossas vidas. A doença é parte do mundo natural; o amor de Deus pertence ao reino espiritual. Você pode ver o trabalho de Deus na vida de Jessica. Assim que seus sérios problemas de saúde atacaram seu corpo terreno, Ele a fortificou espiritualmente.

"A mim me pareceu que Deus estava me dizendo 'Agora que tudo lhe foi tirado, você ainda vai Me amar? Você Me ama pelo que Eu lhe dei ou pelo que sou?'", disse ela. "Naquele instante tomei a decisão de seguir o Senhor pelo que Ele era. Percebi que Ele queria que eu me ativesse ao que realmente importava na vida, que era conhecê-Lo melhor, levar mais almas até Ele e viver para o Paraíso".

A boa notícia é que, depois de passar por seus dolorosos tratamentos, Jessica se livrou do câncer. Mas a cura lhe custou a fala e a capacidade de se alimentar normalmente. Mesmo com esses efeitos colaterais, ela abdicou de toda a amargura e a autopiedade e optou pela gratidão. "Glória a Deus, tinha minha visão, minha audição e – apesar de ser difícil – ainda era capaz de falar e cantar", escreveu ela no seu e-mail. "Este é o aspecto físico do que me aconteceu, mas deixe-me contar o outro lado da minha história, que é a mensagem de esperança que oro para poder transmitir a outras pessoas que estão na mesma situação que a minha".

Por causa de sua base de fé, a primeira coisa que Jessica fez quando o médico descobriu seu tumor e a enviou para um exame de emergência foi se render à vontade de Deus. Ela não desistiu de tudo. Ao contrário, Jessica dedicou sua luta a Deus, usando a maior fonte de poder disponível. Ela ligou para o pastor da sua igreja, que organizou uma oração de emergência na mesma tarde.

Ao me render, "senti uma paz que não sei descrever", escreveu ela. "Somente os filhos de Deus conseguem entender a paz que senti. Todo o meu mundo podia ter se arruinado naquele momento, mas eu não. As circunstâncias podiam estar além do meu controle, mas Cristo ainda estava no controle da minha vida. Eu sabia que Ele me acompanharia o tempo todo. Sabia que tinha uma chance de eu morrer. Na verdade, muitas vezes fui dormir pensando que aquele podia ser meu último instante na Terra. Eu via a realidade das minhas circunstâncias, mas também conhecia a realidade do meu Deus. Sabia que, se eu fosse morrer, estaria nos braços do Salvador que me amava".

A PAZ DA RENDIÇÃO

Respire fundo. Inspire... Expire... Você sente paz ao fazer isso? Todos ansiamos por essa sensação de calma, não é?

Nossa vida nesta Terra não tem a ver com o que *nós* queremos. Você e eu fomos criados e colocados no mundo por causa do que Deus quer de nós. Ele enviou Seu Filho para morrer por nossos pecados, e Jesus se rendeu ao seguir o plano de Seu Pai de nos dar a dádiva da vida eterna. Como diz Jessica, há uma incrível paz ao ceder nossa vida a Ele assim como Jesus o fez. A Bíblia nos diz "Não estejais inquietos por coisa alguma; antes as vossas petições sejam em tudo conhecidas diante de Deus pela oração e súplica, com ação de graças. E a paz de Deus, que excede todo o entendimento, guardará os vossos corações e os vossos sentimentos em Cristo Jesus".

Você só pode obter essa paz ao praticar sua fé, abdicando de seus temores e de quaisquer necessidades de controle na vida, além da necessidade de saber o resultado de suas ações. Em vez disso, coloque tudo nas mãos de Deus, comprometendo-se a seguir Sua vontade. Quando você está em busca da vontade de Deus na sua vida, seja tentando tomar decisões, seja procurando oportunidades, você sempre pode esperar um sinal de Deus. São ocasiões raras e maravilhosas. O que aprendi a procurar ao tentar entender o que Deus quer é uma *sensação de paz*.

Se a serenidade permanece em meu coração quando oro e tomo uma decisão a respeito de uma oportunidade, sinto que estou seguindo a vontade Dele. Se perco essa sensação de paz em determinado momento, paro, oro mais e reconsidero. Acredito que, se estiver indo pelo mau caminho, Deus vai mudar meu coração e me guiar.

Você pode ter muitos amigos e conselheiros. Talvez você baseie suas decisões no alinhamento das estrelas ou por instinto. Todos têm um processo. O meu é a rendição. Deus nos entende na essência porque Ele nos criou. Ele sente o que sentimos, mas Sua visão alcança lugares que não vemos. Há muitas pessoas às quais recorro por conselho e sabedoria, mas não há ninguém comparável a Deus quando se trata de orientação. Sou grato por ter oportunidades e geralmente me sinto andando pelo corredor de um hotel gigantesco com centenas de portas esperando para serem abertas. É difícil saber qual porta é a certa para mim, mas, por meio da rendição, da confiança e da paciência, Deus me orienta.

Claro que Deus pode dizer "não" para seu plano num determinado dia, mas no dia seguinte Ele pode dizer "sim" para algo ainda melhor. Você não sabe o que Deus pode fazer por sua vida até entregá-la a Ele e sentir a bênção da sua relação com Ele. Sempre que fico ansioso quanto a alcançar *meus* objetivos, sinto paz, sabendo que estou aqui porque Deus me ama e que Ele estará lá quando eu morrer.

Jessica viveu resultados semelhantes ao colocar sua fé em prática, o que ela diz que significa "levantar-se e seguir Cristo mesmo quando você não vê nem entende qual é Seu plano. Significa concluir a corrida mesmo quando você sente que está na hora de desistir. Significa escolher amar mesmo quando dói. Significa se levantar e servir mesmo quando você se sente fraco". Ela acrescenta: "Praticar a fé significa olhar para fora de você e para as almas ao seu redor que precisam saber que há esperança. Significa confiar em Cristo para suprir suas necessidades e depois se erguer e ajudar a suprir as necessidades alheias".

Não há nada melhor do que aceitar que você não tem de fazer todo o trabalho porque Deus o fará. Você pode se render a Ele e esperar pacientemente. Por meio Dele, tudo é possível. Quando Jessica estava se sentindo na pior, ela disse a Deus para fazer o que quer que Ele desejasse. Render-se deu a ela um grande alívio, disse, porque "sabia que, se minha vida acabasse, Cristo tinha uma razão para isso". Há uma incrível paz, poder e liberdade nessa sabedoria.

O câncer de Jessica entrou em remissão quando ela me escreveu, seis anos depois do diagnóstico original. Não há mais sinal da doença no corpo dela. Ela me disse se sentir grata mesmo que sua vida tenha mudado para sempre e que os efeitos advindos tenham trazido grandes desafios.

Com a permissão do médico, Jessica voltou à escola e ao trabalho. Ela se tornou enfermeira nos departamentos de oncologia e neurologia de um hospital, onde ajudava pacientes a superar os mesmos desafios que ela. Depois de alguns anos, porém, o trabalho ficou pesado demais para seu corpo cansado. Ela pediu licença médica e hoje se foca na obra de Deus.

"Passar por esta experiência me tornou muito grata pelo que tenho. Ela me tornou mais paciente e determinada. Agora estou numa missão e entendo meu objetivo", escreveu ela. "Minha missão é garantir que pessoas com problemas sérios de saúde sejam capazes de vivenciar a paz que ainda hoje eu sinto. É a paz de conhecer Jesus Cristo como Salvador". É uma paz que ultrapassa todo entendimento. A paz de saber para onde você vai depois de morrer. A paz de saber que sua vida está nas mãos do Criador do Universo. Não há lugar mais seguro para se estar".

Tive notícias de Jessica de novo recentemente. Hoje já faz mais de 11 anos desde que seu tumor foi descoberto. Ela não tem mais câncer, ainda se sente grata e é extremamente sábia. Jessica tem um ponto de vista bem diferente sobre sua doença hoje. Quando foi diagnosticada, ela pensou que Deus a estivesse punindo por algum motivo. “Olhava para Deus apenas como um juiz, o que Ele é, mas estava me esquecendo de que Ele também é um Pai amoroso que só queria o melhor para minha vida”, disse. “Estava apenas vendo Seu castigo disciplinador e não enxergava Sua mão de misericórdia e compaixão. Eu O via mais como alguém me dando o que eu merecia. A verdade é que Deus estava lidando comigo com muito cuidado. Ele estava tirando o “eu” de mim mesma e colocando mais de Si mesmo”.

Quando você põe sua vida nas mãos de Deus, dá o primeiro passo para se tornar a pessoa que Ele pretende que você seja. Há uma grande paz nisso, e há liberdade e poder também, porque Deus realiza Seus milagres por meio daqueles que se entregam à Sua vontade. Jesus disse: “Se alguém quer vir após mim, negue-se a si mesmo, e tome cada dia a sua cruz, e siga-me”.

Negar-se interesses egoístas – isto é, abdicar do que quer e deseja e colocar o que Deus quer em primeiro plano – não é uma coisa fácil ou natural para a maioria das pessoas. Nossos corpos terrenos têm poderosos instintos de sobrevivência que tornam a autopreservação uma prioridade. Mesmo quando temos fé, pode ser difícil colocar em prática e viver cotidianamente a ideia de abdicar de tudo.

Apesar de dizer a oração de salvação com sinceridade aos 14 anos, “não sabia o que significava viver uma vida de fé”, disse Jessica. “Eu era uma pessoa muito autocentrada. Achava que o Senhor faria as coisas ao meu modo e realizaria todos os meus sonhos. Na época, eu sonhava em me formar na faculdade. Queria me casar e ter filhos – sabe, uma espécie de vida perfeitinha. Era muito egoísta e queria tudo o que me fizesse feliz”.

Jessica acredita que Deus usou sua doença no corpo para reforçar sua alma. Ela sente que ter ficado tão doente a obrigou a pensar no que significava ser uma verdadeira cristã e dedicar sua vida a Deus. Por meio de sua terrível dor e da perda da vida como a conhecia, Jessica encontrou um caminho de sabedoria e compreensão para além de tudo o que vivenciara antes. "Deus quis que eu percebesse que a vida não me foi dada apenas para meu próprio prazer", disse. "Na verdade, esse não é o objetivo. Ele queria que eu percebesse que a vida me foi dada para que eu O glorificasse e fosse um encorajamento para outras pessoas. Ele quer o melhor para mim, mas percebe o significado disso mais do que eu".

O SIGNIFICADO DA RENDIÇÃO

Jessica descobriu esse significado por meio da rendição. "Do modo como via, render-se significa entregar ao Senhor as coisas que você mais ama. Significa não se apegar à ideia do que lhe trará felicidade, e sim confiar que Deus sabe melhor do que você os desejos do seu coração – e que ele lhe dará uma vida de realização mesmo que não seja como você imaginou", disse.

Não sei quanto a você, mas fico impressionado com a sabedoria e também com a fé dessa jovem. A Bíblia nos diz "Deleita-te também no SENHOR, e Ele te concederá os desejos do teu coração". Note que o salmo não nos aconselha a nos deleitarmos em nós mesmos ou nos concedermos os desejos dos nossos corações. Mesmo assim, frequentemente somos surpreendidos tentando criar nossa própria felicidade em vez de entregar nossa vida a Deus e nos deleitar no amor Dele e na vida que Ele criou para nós. Na maior parte do tempo, quando tentamos nos fazer felizes, estamos apenas nos distraindo por algum tempo. Você percebe que isso é verdade quando sua felicidade não dura nem é muito profunda. Um novo carro, vestido ou anel de diamante não lhe dá a mesma alegria que Deus pode gerar se você se deleitar Nele.

Jessica diz que descobriu a maneira de fazer isso por meio de "uma vida de rendição diária", mesmo ao lidar com os efeitos posteriores de sua batalha contra o câncer. A dor intensa do câncer se foi. Ele está em remissão, mas agora Jessica tem de viver com as deficiências resultantes da doença e do tratamento. Sua voz ainda está distorcida porque sua língua e suas cordas vocais estão paralisadas. Ela tem dificuldades para comer e engolir normalmente e está sujeita à pneumonia.

Seus problemas físicos podiam significar uma vida difícil – se Jessica optasse por ficar se lamentando. Ao contrário, ela opta por diariamente "lembrar-se de que Cristo está no controle". Ela me disse: "Tenho de lembrar que os planos que Ele tem para mim são planos de 'prosperidade, e não de dano; de me dar um futuro e esperança'. Tenho de me render ao fato de, apesar de não ter a vida com a qual sempre sonhei, ter a vida que Cristo escolheu para mim antes do início do mundo. Ele não cometeu um erro".

Assim como Jessica, não tenho a vida com a qual sonhei quando criança. Orei para ter braços e pernas porque achava que eles me fariam feliz. Achava que, se tivesse braços e pernas, podia respirar fundo e vivenciar a paz verdadeira. Acreditava que não poderia haver felicidade para mim sem meus membros. Não achava nem mesmo que podia criar uma vida de felicidade para mim, e tinha razão. Minha felicidade veio somente quando pus minha fé em prática e rendi minha vida a Deus. Ele me mostrou que sou perfeitamente imperfeito, como Ele me projetou. E Ele me proveu mais desejos do meu coração do que eu teria sido capaz de prover.

Jessica está descobrindo o mesmo com sua vida. "O Senhor ainda não me deu um marido, mas está diariamente me mostrando que Ele precisa ser o amor da minha vida", disse. "Não tenho filhos, mas o Senhor me permitiu ser a mentora de várias adolescentes, e eu as considero como minhas filhas espirituais. Espero que possa viver minha vida como um testemunho para elas de que Deus está vivo e ainda opera milagres".

Como nota Jessica, você não rende sua vida a Deus e espera que todos os dias sejam iluminados, cheios de flores e risadas. Vivemos num mundo natural, pelo menos por enquanto, e apesar de o Sol, as flores e as risadas fazerem parte deste mundo, também fazem parte dele tempestades, mosquitos e cinco carros empilhados num engavetamento.

A rendição é um processo minuto a minuto, hora a hora, dia a dia. Você se entrega a Deus em todos os passos do caminho. Na minha juventude, passei muito tempo questionando Deus e Seu plano para mim. Hoje sou mais paciente e, em vez de perguntar, espero que Ele me revele Suas respostas, no tempo Dele.

PACIÊNCIA E CONFIANÇA

A paciência é parte do processo de rendição – assim como a confiança. Você e eu tendemos a querer as respostas agora, mas temos que confiar que Deus tem Seu próprio cronograma. Se permanecermos na fé e buscarmos a compreensão, o plano Dele será revelado quando estivermos preparados para a resposta. O propósito de uma criança que nasceu sem pernas nem braços foi um mistério revelado aos poucos, à medida que minha fé crescia. Como já disse, um dos segredos para mim foi ler João 9:3, o trecho sobre o cego. Jesus realiza o milagre de curá-lo e explica que Seu objetivo para aquele homem era mostrar a glória divina. Esse texto me ajudou a perceber que Deus também teria um propósito para mim. Talvez, como o homem que nasceu cego, eu fora criado sem braços nem pernas para que Deus pudesse expressar uma mensagem ou de algum modo mostrar Seu trabalho através de mim.

À medida que minha compreensão sobre os caminhos de Deus e as oportunidades de vida aumentaram, Ele pacientemente me colocou no Seu caminho e abriu meus olhos para Seu propósito. Jessica disse que teve uma experiência semelhante ao lidar com seus desafios com o câncer e o tratamento.

"Sei que para mim houve momentos em que senti que não podia seguir adiante", disse ela. "Tive muita dificuldade para lidar com a minha voz. É difícil me entender e, apesar de me repetir para as pessoas várias vezes, as pessoas ainda não entendem o que eu digo. Isso faz com que eu me sinta estúpida e às vezes inútil."

"Há dias em que não tenho vontade de abrir a boca e fico com raiva porque o Senhor permitiu que minha voz fosse afetada, uma vez que é algo que eu uso todos os dias", acrescentou. "O Senhor me mostrou, contudo, que minha voz é justamente a plataforma a partir da qual falo por Ele. Como é difícil me entender, as pessoas realmente param para prestar atenção. Isso também faz com que as pessoas percebam que o que eu passei foi real. Isso me deu várias oportunidades de testemunhar e falar sobre o que o Senhor fez e faz na minha vida."

Acredito que, quando você rende por completo a sua vida, com toda a confiança e paciência, há outra grande recompensa: a força de Deus. Desde os 18 anos, viajo pelo mundo, geralmente visitando vinte ou mais países por ano. Não viajo em jatos particulares. Há lugares que visito que são perigosos, difíceis de se chegar e nada saudáveis por causa das doenças, água impura e falta de cuidados médicos modernos. Mas, de algum modo, Deus me mantém saudável e me dá forças para levar Sua mensagem a milhões de pessoas.

Jessica e eu entendemos que a rendição dá força. "O momento em que me sinto mais fraca é geralmente quando Cristo pede que eu me levante e dê o máximo de mim. Ao ajudar os outros e ver corações desesperançados encontrando a paz de Deus, meu próprio coração se anima e eu percebo novamente que o prazer do Senhor é minha força", disse.

"Assim, minha sugestão para alguém que tenha grandes desafios é viver uma vida com o coração entregue a Deus. Lembre sempre que, mesmo que as coisas sejam difíceis aqui, Cristo chama isso de 'problemas leves e momentâneos'. Ele diz que estão nos dando 'a glória eterna'. Olhe para fora de si mesmo e estenda as mãos para almas que precisam do Senhor e do Seu amor. Fazendo isso, o senhor realizará suas necessidades e o fará ver que Ele o ama mais do que tudo", disse Jessica.

Essa jovem de Deus é incrível, não é? Ela me disse que o Senhor pode se manifestar a qualquer momento, mas que ela quer ser encontrada cheia de fé quando Ele se manifestar. "Oro para que seja preenchida sabendo que meu valor vem Dele", contou-me Jessica.

Você e eu podemos pensar que estamos no controle de nossas vidas, nossas idas e vindas, mas, depois que entregamos nossas vidas a Ele, Deus assume o controle em todos os minutos de todos os dias. Nosso amável Pai celestial geralmente contorna meus elaborados planos revelando Seus próprios profundos e inefáveis caminhos, e eu me sinto humilde sempre. Fico maravilhado diante da beleza e do brilhantismo do plano de Deus todas as vezes. De vez em quando penso em como foi ter sido um discípulo e apóstolo e testemunhar Deus em ação por meio de Jesus na Terra, agindo de maneiras indescritíveis. Posso quase imaginar Seus seguidores voltando para suas congregações espalhadas pelo Império Romano e se voltando para os crentes, dizendo: "Vocês não acreditarão no que Deus fez!".

O poder de Jesus está aqui. Quando você pratica sua fé rendendo tudo a Ele, você mal pode acreditar no que Deus fará por você. Prometo que você descobrirá uma vida empolgante ao se colocar nas mãos Dele. Olhe para a frente, então, para uma vida na fé, acreditando que Cristo pretende nos usar ao nos rendermos intencionalmente aos Seus importantes propósitos, e cheios de fé, para nós. Permita que Seu amor purificador flua por sua vida livremente e com toda a força. Como nos diz o salmo, "Experimente e veja como o SENHOR é bom".

NOVE

Semeie as boas sementes

Na minha primeira visita à Libéria, há alguns anos, meu objetivo era inspirar o máximo de pessoas possível com uma mensagem de esperança e fé. Por causa da reputação do país, não fazia ideia de que essa conflituosa nação africana e seu povo sofrido também me inspirariam.

Essa pequena nação costeira, fundada por escravos norte-americanos libertos há muito, é conhecida como um dos países mais pobres, violentos e corruptos do mundo. Apesar de estar entre as mais educadas e industrializadas nações africanas e de ter muitos recursos naturais, a Libéria sofreu muito durante mais de 30 anos por conta de transtornos políticos. O pior foram duas guerras civis que duraram até 2003. Mais de 200 mil liberianos foram mortos durante a guerra. Milhões fugiram para outros países. A escravidão sexual e o tráfico de drogas reinavam.

As profundas cicatrizes da violência e da corrupção ainda estavam em evidência quando chegamos ao país em 2008. A maioria das estradas mal podia ser trafegada. A eletricidade era rara fora das regiões urbanas e mesmo lá era precária. Apenas um quarto dos liberianos tinham acesso à água potável. Carcaças de animais mortos empestavam o ar e nos nauseavam. Muitas pessoas durante nossa viagem pareciam malnutridas e miseráveis. Vi vários homens, mulheres e crianças vasculhando o lixo.

Então você provavelmente está se perguntando onde encontrei inspiração nessa paisagem de miséria.

Por todos os lugares!

A pobreza e a negligência que encontramos eram resquícios do passado assombroso da Libéria – um período de trevas dominado por ditadores decadentes e sanguinolentos. Durante nossa visita também vimos o futuro da Libéria, cheio de esperança.

Durante três décadas, poucas organizações de auxílio, missionários e grupos de caridade ousavam entrar na Libéria por conta do ambiente hostil. Desde 2005, contudo, isso mudou drasticamente. Bilhões de dólares agora entram na Libéria, sendo que somente os Estados Unidos contribuem com mais de US$ 230 milhões por ano para reconstruir o país.

Nossos anfitriões durante a visita de 2008 eram um dos muitos grupos de caridade que se juntaram ao esforço internacional para ajudar a Libéria a se recuperar e ser reconstruída. Ficamos a bordo do *Africa Mercy*, parte do ministério Mercy Ships. A embarcação em si era uma antiga balsa, que agora é uma espécie de barco do amor: um hospital flutuante de 150 metros, operado por uma instituição cristã e uma tripulação de mais de 400 cirurgiões, enfermeiras, médicos, dentistas, oftalmologistas, fisioterapeutas e outros profissionais da saúde voluntários, vindos de 40 países diferentes.

Todas as equipes que trabalham no *Africa Mercy* doam seu tempo e serviço, e a maioria das pessoas paga do próprio bolso para se juntar às missões ao redor do mundo. A Libéria perdeu 95% de seus centros médicos durante a guerra civil. Enquanto estava lá, as instalações de primeira linha desse incrível barco eram algumas das mais modernas do mundo. Em alguns dias, milhares formavam filas para subirem a bordo e conseguirem ajuda.

O *Africa Mercy* é o maior navio-hospital da frota dessa instituição de caridade. A missão da Mercy Ships é seguir o exemplo de dois mil anos de Jesus, levando esperança e curando os pobres do mundo, amando e servindo aos outros. Na minha palestra para os 400 voluntários a bordo desse incrível navio, expressei minha admiração por eles doarem seus talentos e habilidades para servir um dos povos mais necessitados de Deus. Os voluntários do navio doam no mínimo duas semanas do seu tempo, mas muitos permanecem por vários anos. Eles na verdade pagam por um lugar a bordo do navio. Isso é incrível, considerando que esses médicos estão doando o pouco tempo livre que tinham de seus trabalhos estressantes, em seus lugares de origem.

Passei pela embarcação e visitei algumas de suas seis salas de cirurgia, onde os pacientes eram tratados de gangrena, catarata, lábios leporinos, tumores, fraturas, traumas de parto e vários outros problemas. Mais tarde, fiquei sabendo que, durante a permanência de quatro anos do *Africa Mercy* na Libéria, os médicos voluntários realizaram mais de 71.800 cirurgias e 37.700 procedimentos odontológicos.

Os cuidados médicos gratuitos oferecidos a milhares de pacientes pelos voluntários a bordo do *Africa Mercy* é um maravilhoso exemplo de semear as boas sementes colocando sua fé em prática ao servir aos outros. Quando voltei para casa, me entusiasmei tanto com os voluntários que minha irmã, Michelle, que como nossa mãe também é enfermeira, inscreveu-se para passar uma temporada com eles!

Como eu, minha irmã também acredita que deveríamos todos plantar as boas sementes para que nasçam árvores fortes que rendam bons frutos por muitos anos, gerando mais sementes e mais árvores frutíferas. Michelle e eu talvez nunca vejamos os frutos criados durante nosso tempo na Terra, mas tudo bem. Nossa função é plantar o máximo de boas sementes possível, sabendo que Deus determinará o que vai ou não crescer. Eu o encorajo a semear o máximo de sementes de amor, estímulo, inspiração e bondade possível.

O importante do amor e da fé é colocá-los em prática. Exponha-os onde eles podem contribuir para um bem maior. É uma escolha que você pode fazer todas as manhãs. Decida que você usará seus talentos dados por Deus e suas habilidades a fim de servir a um propósito maior. Todos temos algum tipo de talento e todos temos influência com amigos e familiares, e negócios que nos permitem aumentar nossas dádivas envolvendo as outras pessoas para que elas plantem suas sementes também.

Estamos aqui para seguir o exemplo de Jesus. O Filho de Deus nos deu tudo, e devemos dar a Deus tudo o que temos servindo Seus filhos com nosso amor, assim como O amamos. Foi isso o que Jesus fez. Ele nos amou e serviu mesmo sendo o Rei, o Filho de Deus. O bom sobre plantar boas sementes é que Deus cuida delas, de modo que, às vezes, a menor das sementes pode se transformar em algo como um hospital flutuante de 16.572 toneladas, que tem um impacto positivo na vida de milhares de pessoas.

A Mercy Ships foi planejada e criada por um casal cristão que agiu com fé para plantar boas sementes e servir os outros de maneiras incríveis. Moradores da Suíça quando fundaram a Mercy Ships, Don e Deyon Stephens foram reconhecidos ao redor do mundo por seu trabalho humanitário, que provê o melhor em cuidados médicos para os povos mais pobres do mundo em desenvolvimento. Don tem um diploma de teologia e Deyon é enfermeira. Eles se inspiraram em reformar a primeira embarcação em 1978, depois que o filho do casal, John Paul, nasceu com graves deficiências de aprendizado. Mais tarde, Don estava viajando pela Índia, onde conheceu Madre Teresa, que encorajou o casal a se juntar a ela servindo aos povos mais necessitados do mundo. “John Paul ajudará vocês a se transformarem nos olhos e ouvidos e membros de muitos outros”, disse ela.

Os Stephens não eram ricos, mas foram tão inspirados pelas palavras de Madre Teresa que convenceram um banco suíço a lhes emprestar um milhão de dólares para comprar a primeira embarcação, um ex-cruzeiro italiano. Desde então, a instituição de caridade conseguiu apoio de doadores do mundo todo, incluindo a Starbucks, que instalou uma loja a bordo do navio para dar café de graça a fim de que as equipes médicas tenham cafeína suficiente para se manter energizadas. (Lembre-se de que o que não podemos fazer Deus e a cafeína podem!)

Então aí está, a primeira grande fonte de inspiração que descobri na Libéria: uma enorme balsa dinamarquesa transformada numa embarcação de misericórdia por centenas de maravilhosos voluntários e um casal cristão que foi inspirado a servir aos outros pelo maior exemplo de liderança servil do mundo na época, Madre Teresa. Por meio de seu trabalho altruísta entre os pobres de Calcutá e as missões que ela criou em 123 países, essa humilde mulher inspirou milhões de pessoas como os Stephens a semear as boas sementes pelo mundo.

Você pode se perguntar: “O que posso fazer?” ou “O que tenho de dar?”. A resposta é: “você mesmo”. Você e seus talentos divinos são as maiores dádivas que você pode doar. Quando você pratica sua fé semeando as boas sementes para servir aos outros, você usa um poder que está além do que pode imaginar. Veja as vidas salvas e transformadas pelos Stephens e seus navios de misericórdia, ou Madre Teresa e as mais de 600 missões que ela criou ao redor do mundo.

SERVINDO A UM PAÍS

A segunda grande fonte de inspiração que encontrei na Libéria foi uma mulher como a Madre Teresa, uma líder servil e cristã de incrível influência. Você pode ficar surpreso ao descobrir que ela era uma política num país conhecido por seus infames líderes corruptos. A princípio fiquei ressabiado, mas, como outras pessoas ao redor do mundo, rapidamente descobri que Ellen Johnson Sirleaf não era nada parecida com os tiranos e guerrilheiros que a precederam na Libéria.

Em 2005, essa cristã educada em Harvard, conhecida como "Ma Ellen", tornou-se a primeira presidente mulher do país estraçalhado, depois de ter sido presa duas vezes por seu antecessor. Na época, ela também era a única mulher presidente do continente africano. Sua eleição foi considerada um grande avanço para um país que estava retrocedendo a passos rápidos. A ex-primeira dama norte-americana, Laura Bush, e a secretária de Estado, Condoleezza Rice, participaram de sua posse.

A nova presidente tinha um trabalho difícil. Ela esperava acabar com a corrupção e criar empregos para os 85% da população desempregados, mas primeiro ela tinha de acender as luzes. Depois de anos de guerra, nem mesmo a capital Monrovia tinha eletricidade, água corrente ou um sistema de esgoto.

Filha do primeiro nativo liberiano a ser eleito para o legislativo do país, a presidente Sirleaf conhecia bem o sistema político da Libéria. Ela aceitou sua bolsa de estudos na Harvard Kennedy School of Government em parte para fugir da prisão por criticar as lideranças corruptas do país. Ao voltar para casa, foi presa em duas ocasiões por sua oposição contínua. Noutras vezes, ela teve de fugir do país por até cinco anos, trabalhando num barco internacional quando no exílio.

O fim do sanguinolento reinado do ditador liberiano Charles Taylor teve início depois que milhares de liberianas vestidas de branco, lideradas por Sirleaf e a corajosa ativista Leymah Gbowee, reuniram-se num campo em Monrovia e exigiram paz. Elas permaneceram acampadas por meses, apesar do verão tórrido e da temporada de chuvas, organizando conferências de imprensa e chamando a atenção do mundo para os abusos contra os direitos humanos no regime de Taylor. Em determinado momento, as mulheres se reuniram do lado de fora do hotel onde os senhores da guerra de Taylor estavam hospedados, impedindo-os de saírem. Taylor finalmente fugiu do país. Ele foi preso e julgado como criminoso de guerra pelas Nações Unidas. Em 2005, Sirleaf foi eleita para restaurar a paz e a sanidade de seu país.

Quando a conheci, três anos mais tarde, a Libéria ainda enfrentava dificuldades para se recuperar de décadas de negligência e violência. Pela primeira vez em anos, os liberianos não estavam sendo vitimados ou perseguidos pelo governo. As Nações Unidas estavam ajudando a garantir a paz com uma força de mais de 15 mil tropas.

Durante nossa conversa de 25 minutos no gabinete dela, descobri que a presidente Sirleaf era uma impressionante mistura de força e carinho. Há um motivo para ela também ser conhecida como "a Mãe da Libéria" e "a Dama de Ferro". Estava muito nervoso por encontrá-la porque nunca antes tivera um encontro cara a cara com uma líder de um país.

A presidente Sirleaf me recebeu dias antes de seu 70º aniversário, e sua presença maternal e a candura em seus olhos me deixaram imediatamente relaxado. Ela também contou que estava entre os 60% dos liberianos que eram cristãos. Ela cresceu como metodista, e sua educação primária foi em escolas metodistas. Falamos sobre fé, e pude perceber que boa parte de sua força interior se baseia em suas crenças religiosas.

Se um dia eu for presidente de um país, quero ser como ela. Sirleaf é uma mulher de Deus que acredita numa filosofia que caracterizaria como "Não pergunte o que Deus pode fazer pelo seu país, e sim pergunte a Deus o que este país pode fazer por Ele". O que mais um país pode fazer além de servir como exemplo de um povo que confia em Deus e lhe confia os pedaços quebrados para que Ele reconstrua o país. Acredito que essa nação pode servir de exemplo dos milagres que Deus pode operar se seu povo confiar Nele e em Suas promessas.

Como estava no país da presidente Sirleaf para falar a vários grupos, ela me pediu que estimulasse esses liberianos a educar seus filhos e também voltar a produzir comida, principalmente arroz, porque a guerra civil atrapalhou tanto a agricultura que a maior parte do arroz consumido pela nação era importada. Ela me impressionou com sua poderosa noção de missão, que era servir a 3,5 milhões de pessoas e reconstruir um país arrasado. Desde que assumira o cargo, a Libéria aceitou ajuda estrangeira e abriu suas portas para US$ 16 bilhões em investimentos externos. Pessoalmente ela parece ser muito cuidadosa e atenta aos outros. No nosso caso, depois de nos receber, ela emprestou duas SUVs para que pudéssemos viajar pelas estradas esburacadas.

Não preciso defender a presidente Sirleaf como um exemplo inspirador de liderança servil de alto nível. Ela recebeu uma das maiores honrarias mundiais pelas sementes que plantou. Poucos anos depois de nos conhecermos, ela e Laymah Gbowee receberam o Prêmio Nobel da Paz por sua obra em favor da paz e dos direitos humanos. Quatro dias depois de receber esse prestigioso prêmio, a presidente Sirleaf foi reeleita para mais seis anos, de modo que poderia semear mais boas sementes.

Sirleaf, também nomeada a Metodista do Ano em 2011, é reconhecida no mundo como uma líder benevolente e democrática – apesar de seu antecessor, Charles Taylor, estar sendo julgado por crimes horríveis contra seu povo. As duas pessoas estavam em posições de liderança. Ambas tinham grande autoridade por causa dos postos que ocupavam. Mas elas expressaram o poder de maneiras bem diferentes.

Um dos primeiros evangelistas cristãos, o apóstolo Paulo tratou desses dois tipos diferentes de liderança na Bíblia, e a passagem de

Gálatas 5:13-15 é particularmente pertinente para um país criado e administrado por ex-escravos e seus descendentes. Ele disse: "Porque vós, irmãos, fostes chamados à liberdade. Não useis então da liberdade para dar ocasião à carne, mas servi-vos uns aos outros pelo amor. Porque toda a lei se cumpre numa só palavra, nesta: Amarás ao teu próximo como a ti mesmo. Se vós, porém, vos mordeis e devorais uns aos outros, vede não vos consumais também uns aos outros". Paulo estava nos dizendo que devemos usar nossa liberdade e nosso poder não para satisfazer nossas necessidades e desejos – para encher os próprios bolsos como Taylor fez –, e sim para amar e servir um ao outro como a presidente Sirleaf está fazendo.

Você não precisa ser presidente de um país para servir aos outros. Não precisa nem mesmo de braços e pernas. Tudo o que você precisa é pôr sua fé, seus talentos, sua educação, seu conhecimento e suas habilidades em prática para beneficiar os outros de formas grandes e pequenas. Até mesmo os menores atos de gentileza podem ter um efeito duplicado. Até mesmo pessoas que pensam que não têm poder para causar um impacto no mundo ao redor delas podem fazer uma enorme diferença juntando forças e trabalhando juntas para se tornarem a mudança que desejam.

SEMENTES PLANTADAS

A presidente Sirleaf, Leymah Gbowee e seu exército de mulheres ativistas mudaram um país colocando a fé em prática para servir às pessoas. Elas ajudaram a restaurar a paz e estão liderando a difícil restauração do país depois de décadas de conflito. Recentemente, Sirleaf convocou 25 mil jovens para limpar suas comunidades antes das festas de fim de ano e os pagou para que tivessem dinheiro para o Natal. Sua administração está ocupada construindo novas clínicas e restaurando o serviço de água para 700 mil residentes. Sua maior realização até agora inclui também a abertura de mais de 220 escolas – um maravilhoso exemplo de plantar sementes que crescerão e frutificarão por gerações.

Testemunhei outro tipo de semente plantada pela revolução pacífica liderada pelos cristãos liberianos. É uma semente muito querida. Minha missão na Libéria incluía uma reunião evangélica num estádio de futebol. Esperávamos talvez 300 a 400 pessoas, mas, para nossa alegria, de *oito a dez mil pessoas* compareceram. As pessoas estavam literalmente sentadas nas lajes e subindo em árvores para terem uma vista do estádio lotado. O mais estranho é que dei a mesma palestra três vezes naquele dia, porque tínhamos um amplificador relativamente pequeno no palco. Assim, tive de me voltar para parte do estádio, dando versões abreviadas da minha palestra e depois as redirecionando para outras partes do estádio. Fiz isso para que todos pudessem ouvir minhas palavras de encorajamento, esperança e fé!

O que me traz à terceira fonte de inspiração que encontrei na Libéria: o povo em si. Apesar da morte, da destruição, da crueldade e dos incríveis obstáculos que eles enfrentaram, milhões de cristãos naquele país permaneceram na fé. Mesmo com tanto sofrimento, vi incontáveis expressões de alegria durante nossa visita – desde crianças cantando e brincando, até estádios cheios de pessoas glorificando a Deus. Nossos amigos na Libéria nos disseram que líderes cristãos e muçulmanos deixaram de lado suas diferenças para ajudar a pôr um fim na guerra civil por meio de um conselho inter-religioso, e espero que eles continuem trabalhando juntos para o bem maior da nação e de seus filhos.

Acho que surpreendi minha plateia naquele dia quando anunciei a eles que não precisava de braços nem de pernas. Depois que os murmúrios quanto à afirmativa se aquietaram, disse-lhes que precisava apenas de Jesus Cristo. Queria dizer àquelas pessoas que passaram por tanta opressão e crueldade que, com Deus em nossos corações, estamos completos mesmo quando parece que nos faltam muitas coisas. Também lhes garanti que, apesar de a vida deles naquela terra ser extremamente difícil, se eles tivessem fé e aceitassem Jesus como seu Senhor e Salvador, eles teriam felicidade garantida na Eternidade. Também disse que mesmo aqueles que têm tudo na Terra – incluindo braços e pernas – não levariam mais nada para seus túmulos além de suas almas.

Disse-lhes que eles tinham de obter a salvação a fim de ter esperança. "A esperança só pode ser encontrada em Deus", disse. "Posso não ter braços nem pernas, mas voo nas asas do Espírito Santo".

Depois, lembrei meus amigos liberianos que Deus ainda está no controle da situação; assim, eles não podem desistir e devem manter a esperança viva. Disse-lhes que, se Deus pode usar um homem sem braços nem pernas para ser Suas mãos e pés, então Ele também usará a arrasada Libéria para Seu propósito.

Lembrei-lhes de que, apesar de nem sempre obtermos os milagres pelos quais oramos, isso não nos impede de servirmos como um milagre para outra pessoa. Pouco depois de dizer isso, minhas palavras se tornaram realidade diante de milhares de pessoas. Ao me aproximar do fim do meu discurso, uma mulher liberiana se aproximou de mim com determinação, abrindo caminho pela multidão.

Várias vezes os seguranças a impediram, mas ela lhes garantiu que não queria fazer mal. Ao se aproximar, vi por que os seguranças a deixaram passar. Ela estava carregando uma criança de apenas três semanas de idade. A criança não tinha braços, mas tinha pequenos dedos surgindo de seus ombros. Pedi à mãe que trouxesse a criança até mim de modo que pudesse beijá-la na testa e orar por ela.

Meus pensamentos estavam apenas voltados para demonstrar amor pela criança, por isso achei incrível que a plateia tenha gritado quando beijei o bebê. No momento pensei que era apenas porque estavam chocados por verem uma criança com deficiências semelhantes às minhas. Mais tarde me disseram que os liberianos ficaram impressionados por ver uma criança sem membros permanecer viva. Em muitos vilarejos, crianças que nascem com deficiências físicas são assassinadas. Algumas são até mesmo enterradas vivas.

Foi minha vez de ficar horrorizado quando meus anfitriões me informaram que crianças com deficiências na África agrícola eram consideradas uma maldição. Normalmente a criança é morta ou abandonada para morrer, e a mãe é vítima de ostracismo por medo de que a maldição se espalhe pela comunidade. No caso daquela criança, a mãe nos contou que fugira com o bebê antes que alguém o pegasse.

Depois de beijar a criança liberiana sem braços, muitos na plateia perceberam que, se Deus tinha uma plano para que um homem sem braços nem pernas se tornasse um evangelista, então aquela criança e todas as outras também deviam ser filhas de Deus. Um homem da plateia contou aos nossos seguranças que estava gravando meu discurso no idioma bassa a fim de compartilhá-lo com pessoas que viviam numa região remota. Ele queria lhes expressar principalmente o que eu dissera sobre crianças com deficiências e deformidades também serem filhas de Deus; não uma maldição, "e sim uma oportunidade".

Não posso confirmar isso, mas, mais tarde, me disseram que, desde a minha aparição e minha interação com aquela criança na Libéria, não houve relatos de que crianças deficientes ou desfiguradas tivessem sido mortas ou abandonadas. Espero mesmo que isso seja verdade. Eu me sentiria extremamente abençoado se Deus tiver me usado para plantar essa semente, uma semente que pode ter salvado muitas, muitas vidas e evitado grandes sofrimentos.

VALORIZANDO UM AO OUTRO

Boa parte do nosso mundo tem a ver com a busca pelo conforto em vez de provê-lo. Podemos facilmente ser surpreendidos buscando tanto nossa própria felicidade, que acabamos ignorando um dos principais ensinamentos de Deus: a verdadeira felicidade vem de servir a Ele e servir a Seus filhos. Jesus disse: "Porque o Filho do homem também não veio para ser servido, mas para servir e dar a sua vida em resgate de muitos". Jesus foi o maior líder servil e semeador de boas sementes, claro. Deus enviou Seu Filho para servir-nos com o sacrifício de morrer por nossos pecados. Ele Se apresentava humildemente, até mesmo lavando os pés dos discípulos para nos ensinar que servir aos outros é a melhor maneira de pôr a fé em prática. "Pois qual é maior: quem está à mesa, ou quem serve?", pergunta Jesus na Bíblia. "Porventura não é quem está à mesa? Eu, porém, entre vós sou como aquele que serve".

Quando temos o amor de Deus, a alegria, fé e humildade, entendemos que nenhum ser humano é mais valioso do que outro. Recentemente conheci alguém que verdadeiramente vive como um líder servil ao participar de uma incomum igreja ao ar livre no centro de Dallas. O pastor Leon Birdd deu início ao seu ministério com um incidente que se parece com uma das parábolas de Jesus. Ele trabalhava como carpinteiro e dirigia um caminhão cheio de móveis numa região rural de Dallas em 1995 quando viu um homem de meia-idade caminhando pelo acostamento.

A princípio, Leon não tinha intenção de dar carona ao estranho, que achou que talvez estivesse bêbado. Mas ele sentiu o Espírito Santo falar ao seu coração. Ele se percebeu dando meia-volta com o caminhão para dar carona ao homem. Quando esse bom samaritano parou ao lado do homem, Leon notou que ele parecia ter problemas para caminhar.

"Está tudo bem?", perguntou ele.

"Não estou bêbado", respondeu mal-humorado o homem.

"Bem, você está com dificuldades. Vou lhe dar uma carona", disse Leon.

O homem, Robert Shumake, estava dizendo a verdade. Ele tinha dificuldade para caminhar porque passara por várias cirurgias no cérebro, as quais afetaram sua mobilidade, mas não sua determinação de ajudar os necessitados.

Por motivos que jamais revelou a Leon, o mal-humorado Robert levava rosquinhas e café para alimentar os sem-teto de Dallas todos os sábados pela manhã já há alguns anos.

"Como você faz isso se mal consegue andar?", perguntou Leon.

"As pessoas me ajudam e agora você me ajudará", respondeu ele.

"Acho que não. A que horas você faz isso?", perguntou Leon.

"Às cinco e meia da manhã".

"Não vou levá-lo, principalmente a esta hora", disse Leon. "Nem mesmo o Senhor acorda às cinco e meia da manhã".

Robert não aceitaria um "não" como resposta. Ele disse a Leon onde pegá-lo.

"Você estará lá", disse.

"Não conte com isso", respondeu Leon.

No sábado seguinte, Leon acordou às cinco da manhã, preocupado que Robert talvez o estivesse esperando numa esquina qualquer. Ele temia pela segurança de Robert, já que o lugar que ele sugeriu para o encontro ficava numa área barra pesada da cidade.

Novamente o Espírito Santo parecia o estar usando.

Antes de o sol nascer, ele encontrou Robert na esquina com garrafas térmicas cheias com quase 20 litros de café quente. Robert pediu a Leon que o levasse até uma loja de rosquinhas, onde eles compraram os doces. Depois eles foram até o centro de Dallas. As ruas estavam vazias.

"Espere", disse Robert a Leon.

Com as grandes garrafas térmicas de café na rua, eles esperaram. Quando o sol nasceu, os sem-teto apareceram um a um. Quase 50 deles se reuniram para o café com rosquinhas de Robert. Apesar de Robert falar com rispidez com as pessoas que servia, elas aceitavam bem o café quente e as rosquinhas. Leon, que entregara sua vida a Cristo há alguns anos, viu que Robert estava semeando boas sementes e que ele claramente precisava de ajuda. Assim ele começou a ajudá-lo todos os sábados pela manhã. Nos meses que se seguiram, a saúde de Robert piorou.

"Robert, o que acontecerá quando você não puder mais fazer isso?", perguntou um dia Leon.

"Você o fará", respondeu Robert.

"Não, você precisa mesmo arranjar outra pessoa", insistiu Leon.

"Você o fará", repetiu Robert.

Robert tinha razão. Leon Birdd se tornou o pastor Birdd, um ministro ordenado com uma missão urbana apoiada por nove igrejas locais e outros doadores. Apesar de Robert ter morrido em 2009, as sementes plantadas foram cuidadas e cresceram graças ao pastor Birdd e sua esposa, Jennifer. Hoje aquelas reuniões nas esquinas para café e rosquinhas são cultos cheios e ao ar livre, com música e celebrações de fé. Hoje, todos os domingos pela manhã, mais de 50 voluntários se juntam ao pastor Birdd para alimentar os corpos e orientar as almas de centenas de sem-teto num estacionamento do centro de Dallas.

Quando fui convidado a falar num dos cultos, fui inspirado pelos Birdd e por todo o carinho e consolo que eles dão àquelas pessoas necessitadas. Os líderes e voluntários da SOUL Church do pastor Birdd valorizam cada indivíduo como um filho de Deus. Eles entendem que todos precisam de amor e estímulo, nem que seja uma boa palavra ou um sorriso para acompanhar uma rosquinha e uma xícara de café.

Birdd se considera um servo de Deus e diz que muitos daqueles que trabalham na igreja ao ar livre já foram sem-teto ou tiveram graves problemas na vida. "Então eles foram tocados com a Graça e o perdão encontrados em Jesus. Assim nós os amamos sem pedir nada em troca, como nosso Senhor nos amou".

TRABALHANDO JUNTO PARA O BEM MAIOR

Você pode plantar boas sementes, não importa como esteja sua vida ou suas circunstâncias. Seja você um fundador ou um voluntário a bordo de uma enorme operação de caridade, como a embarcação *Africa Mercy*, uma líder nacional, como a presidente Sirleaf, ou o pastor de um rebanho de sem-teto; o trabalho divino que você realiza é amplificado pelas inúmeras vidas que você toca.

Todos os líderes servis que conheci em minhas viagens compartilham certas características e atitudes que todos devemos adotar e imitar. Primeiro, eles são incrivelmente humildes e altruístas. Muitos dedicam suas vidas a servir aos outros e não se importam em receber reconhecimento por isso. Em vez de se colocarem em primeiro plano, muitos preferem estar nos bastidores, estimulando os voluntários e encorajando-os a servir. Eles preferem dar o crédito a recebê-lo.

Depois, os líderes servis são grandes ouvintes e muito solidários. Eles ouvem para compreender as necessidades daqueles a quem servem e observam e se solidarizam para entender necessidades não ditas. Geralmente as pessoas não têm de ir até eles e pedir ajuda, porque eles já detectaram do que se precisa. Líderes servis trabalham com estes pensamentos em mente: *Se eu estivesse na mesma situação que esta pessoa, o que me consolaria? O que me estimularia? O que me ajudaria a superar meus obstáculos?*

Em terceiro lugar, eles curam. Eles dão soluções enquanto os outros ponderam sobre problemas. Tenho certeza de que outras boas pessoas cuidam de sofrimentos e doenças que afetam os povos nos países do Terceiro Mundo e veem esses imensos problemas. Como é possível construir hospitais o suficiente nessas áreas pobres e remotas a fim de servir os necessitados? Don e Deyon Stephens ignoraram o problema e se voltaram para uma solução inteligente: converter navios de cruzeiro em hospitais flutuantes e equipá-los com voluntários que viajam para onde se precisa.

Em quarto lugar, líderes servis tampouco se importam com soluções de curto prazo. Eles plantam sementes que têm um impacto duradouro e de longo prazo. A presidente Sirleaf estabeleceu a paz na sua volátil terra natal e depois se pôs a construir escolas e a atrair investimentos estrangeiros para criar oportunidades para as gerações futuras.

Quem semeia boas sementes continua se inspirando no que fizeram, seja estimulando a si mesmos, seja inspirando outros a se juntar e os superar, como Robert Shumake fez ao repassar seu trabalho com os sem-teto para Leon e Jennifer Birdd.

Em quinto lugar, os líderes servis constroem pontes que deixam de lado interesses egoístas em favor de utilizar o poder de muitos para provocar mudanças que trazem benefícios a todos. Eles acreditam em abundância, que há recompensas o suficiente para todos quando os objetivos e sucessos são compartilhados. Enquanto alguns líderes acreditam na divisão e na conquista, os líderes servis acreditam na construção de uma comunidade com um mesmo objetivo.

Recentemente, vi o poder dessa característica de se criar pontes ao participar de um evento chamado I Heart Central Oregon, no qual mais de 2.500 voluntários de três países e 70 igrejas de várias denominações se reuniram para plantar boas sementes em suas comunidades. O organizador deste evento, Jay Smith, me convidou para falar para seus voluntários e para os estudantes da região durante uma incrível semana de fé em prática.

Jay e os membros da banda Elliot organizam esses eventos há vários anos, e o legal é que eles reúnem pessoas de várias denominações para servir aos indivíduos nas comunidades. Eles não apenas falam; eles agem. Eles saem aos sábados num movimento voluntário de massa e pintam hidrantes, reparam casas, limpam as folhas das ruas, cortam grama, cumprem pequenos compromissos, retiram móveis e realizam o que for possível para fazer a diferença na vida da vizinhança.

Disse a Jay que é mesmo difícil saber quem são os organizadores desses eventos, porque todos exercem um papel de liderança da maneira que estão dispostos a servir e cuidar. O interessante é que Jay inventou esses dias multidenominacionais de serviço comunitário numa época da sua vida em que estava magoado. Ele se envolvera no trabalho missionário ao redor do mundo durante 15 anos, viajando por 24 países e trabalhando com incontáveis jovens voluntários. Então, em 2006, Jay passou por uma temporada difícil e precisou ficar mais perto de casa, onde podia se voltar para sua família, incluindo seus quatro filhos pequenos. Foi o que chamou de "temporada interrompida", quando ele percebeu que seus dias viajando pelo mundo como missionário haviam terminado, pelo menos por algum tempo. Ele voltara para sua cidade natal – Bend, Óregon – onde decidira usar em casa a energia que dedicara fazendo coisas boas em lugares como Uganda ou Ucrânia.

Nessa época de dificuldade, esse líder servil não se afogou nas próprias mágoas, e sim estendeu a mão para ajudar os outros. Bend é um resort e uma cidade de aposentados relativamente influentes, mas muitas das cidadezinhas próximas estão em dificuldade por causa da recessão, bem como das drogas e da violência. Assim Jay decidiu focar seus esforços nessas áreas necessitadas.

"Não tínhamos dinheiro, mas seguimos em frente e criamos o primeiro projeto com 150 voluntários de diversas igrejas – mas nevou 30 cm naquele dia", contou ele. "Assim, nosso projeto foi soterrado pela neve. Pegamos pás e passamos o dia limpando entradas de garagens e calçadas para as pessoas. Ao fazer isso, descobrimos muitos idosos incapacitados e outros que não podiam sair de casa por causa da neve".

Eles estavam conversando com um idoso que tentava tirar a neve do telhado. Enquanto conversavam, o senhor desmaiou de exaustão. Alguns dos voluntários cuidaram do homem e terminaram o trabalho. O dia de serviço e esforço colaborativo terminou com uma celebração: um show de Elliot, que é um elemento-chave desses eventos. Ele atraiu quase 700 adolescentes. No altar naquela noite, mais de 120 pessoas receberam a Cristo.

O sucesso do primeiro evento, a despeito da neve, fez com que Jay e a banda pusessem a fé em prática de maneira grandiosa. Ao longo dos anos seguintes, eles organizaram 15 eventos I Heart semelhantes em 11 cidades do Óregon, às vezes com até 2.500 voluntários de 70 igrejas realizando serviços em suas comunidades. Sei porque falei em vários desses eventos. Em 2010, apareci diante de mais de 800 pessoas num evento I Heart Oregon na Expo Center.

Acrescentamos àquele evento uma atividade divertida de abraço antes da minha palestra, estabelecendo o recorde mundial para mais abraços em 60 minutos. Consegui abraçar 1.749 pessoas em uma hora. Você pode assistir ao vídeo no YouTube.com. O comediante Nick Cannon, que é casado com a cantora Mariah Carey, tentou quebrar nosso recorde, mas não conseguiu. Acho que ele não tinha braços o suficiente para me vencer!

O objetivo mais sério de Jay nesses eventos I Heart é mostrar o poder da fé cristã em prática servindo à comunidade e também estabelecendo linhas de comunicação e eliminando barreiras entre igrejas e denominações diferentes. "Às vezes as igrejas tendem a ver outras denominações como diferentes. Mas tenho vários amigos em várias igrejas e vejo o valor de todas as denominações", disse. "Nunca podemos reter Cristo numa igreja, e juntos podemos mostrar as várias facetas da fé, sejam elas nazarenos, batistas, quadrangulares, católicos, presbiterianos, metodistas e tudo o mais. Acho que é difícil para as pessoas ouvir os cristãos se não nos virem vivendo na fé, por isso nosso exemplo é o amor em prática".

Como eu, Jay acredita que nossas igrejas detêm a esperança do mundo. Enquanto posso ir a um lugar e agir como evangelista oferecendo inspiração, motivação e esperança, é a igreja e seu ministério que estão ali dia após dia para servir e amar as pessoas da comunidade. Por isso é que nos incomoda que frequentemente as igrejas não trabalham juntas para multiplicar suas bênçãos.

"Jesus disse: 'Assim todos saberão que vocês são meus discípulos, se amarem uns aos outros', e acredito que é no coração Dele que nos reunimos", diz Jay. "Somos melhores juntos do que separados, e as igrejas estão percebendo que suas diferenças doutrinais são menos importantes. O principal é que acreditamos que Jesus Cristo é o caminho da salvação. Essa é nossa semelhança mais importante. Se tivermos humildade o suficiente, podemos ultrapassar nossas diferenças e nos reunirmos para o bem de todos".

Além da humildade e um foco no bem comum, parte de ser um líder servil é ouvir o que os outros necessitam em vez de impor o que você quer sobre eles. Jay é sensível ao fato de que algumas igrejas têm menos recursos do que outras, por isso sempre tenta manter os custos baixos a fim de evitar quaisquer pressões financeiras sobre os participantes.

Numa cidade do Óregon, com várias pessoas vivendo na pobreza, Jay e sua equipe arrecadaram dinheiro mais do que o suficiente por meio de doações para seu projeto. Na verdade, sobraram 700 dólares do evento. Um dos pastores envolvidos sugeriu a ideia de usar aquele dinheiro durante a temporada de Natal: eles desembolsaram o dinheiro na forma de aumentos de cinco dólares para os membros da igreja e lhes deram a missão de crescer e se multiplicar para semear o dinheiro na forma de caridade de qualquer maneira possível, fosse comprando doces com desconto e os revendendo ou usando-o para fazer limonada ou comprar combustível para os cortadores de grama.

Os 700 dólares se transformaram em *dez mil* dólares e foram usados para financiar projetos, como o cuidado dos sem-teto, a ajuda a mães solteiras para comprar presentes de Natal, dar animais de pelúcia para crianças vítimas de abuso e outros atos criativos de bondade.

"Fazemos isso para mostrar nosso amor servindo aos outros. É uma maneira de fazer com que a comunidade saiba que as igrejas delas se importam. Não estamos pregando, estamos servindo", disse Jay. "E não temos a intenção de que nossos dias de serviço sejam um evento único. Em geral, depois que vamos embora nossa relação continua a se fortificar entre as igrejas e as cidades. Vimos isso se desenvolver em casos nos quais os prefeitos chamaram os pastores e pediram à congregação que pusesse mãos à obra. Outras pessoas saborearam a alegria do serviço e querem permanecer envolvidas."

Jay e seu exército de líderes servis ouviram alguns pedidos inusitados ao oferecerem seus serviços. "Dizemos que temos 500 voluntários, então o que podemos fazer pela cidade? Uma cidade não podia se dar ao luxo de cuidar da grama do cemitério por causa de cortes no orçamento, assim as igrejas o fizeram, e agora assumiram essa responsabilidade. Isso abriu novos caminhos para as igrejas servirem suas comunidades".

As autoridades de Bend disseram que não podiam repintar os hidrantes, o que é necessário de vez em quando para que eles possam ser encontrados facilmente em emergências. Durante três eventos I Heart ao longo de dois anos, os voluntários repintaram 3.600 hidrantes, economizando à cidade milhares de dólares. A ideia é deixar que cada cidade determine como pode ser ajudada, o que gera entusiasmo e boa vontade. Em algumas cidades, Jay e seu grupo também estabelecem parcerias com instituições de caridade locais, como bancos de alimentos, cozinhas comunitárias, abrigos para mulheres, a Head Start e a Habitat of Humanity.

"Somos apenas catalisadores. Em geral, os pastores a princípio parecem hesitantes, mas depois as barreiras caem quando estamos todos orando, comendo e trabalhando juntos. O entusiasmo cresce e como a próxima cidade para onde vamos já ouviu falar do que aconteceu na cidade anterior, eles estão mais abertos a trabalhar juntos".

Fico muito feliz por dizer que Jay recentemente se mudou para a Califórnia, onde ele e eu esperamos trabalhar juntos numa série de eventos que são apenas isto: colocar o amor e a fé em prática para servir aos outros e liderar pelo exemplo.

A melhor coisa de semear boas sementes como líder servil é que não são necessários grandes projetos como os que Jay é tão bom em organizar. Até mesmo pequenos atos de doação humilde podem fazer uma enorme diferença para alguém. Jay me lembrou de uma coisa que aconteceu em um de seus eventos no Óregon.

Eu passeava pela região, tentando falar em várias escolas num dia. Depois de falar numa escola em particular, estávamos correndo para a porta porque estávamos atrasados (como sempre). Não tive tempo de oferecer abraços a todos na plateia, o que é muito incomum de minha parte. (Gosto de abraços.)

Na saída do auditório da escola, vi uma cabeça calva, o que não é algo que se vê com frequência num grupo de adolescentes. Parei minha cadeira de rodas e voltei e vi que era uma garota que parecia ter perdido seu cabelo na quimioterapia. Visito muitos pacientes de câncer. Conheço a aparência.

Manobrei minha cadeira para perto de onde ela estava sentada no fundo de um corredor e disse: "Querida, me dê um abraço". Desnecessário dizer que eu não estava mais preocupado com o atraso da própria palestra. Ela pôs seus braços em volta de mim e logo estava chorando e eu estava chorando, e todos os professores e alunos à nossa volta estavam chorando.

Por que chorávamos? Não sei ao certo o que estava se passando com ela e com os outros ao nosso redor, mas para mim era a gratidão pela dádiva de servir alguém em necessidade. É difícil para mim me expressar com palavras, mas esse e-mail que me foi enviado por uma jovem que chamarei de Bailey resume a experiência transformadora da liderança servil melhor do que sou capaz.

Há 12 anos, minha mãe me arrastou para ser voluntária num acampamento para adultos com deficiências de desenvolvimento. No campo cristão, cada voluntário cuidava de um adulto com uma deficiência por toda a semana. Para a menina de 12 anos que eu era, nada podia ser pior do que ser obrigada a passar a semana com pessoas com deficiências.

Minha mãe não me deu opção e com certeza não me deixou escapar dessa situação "horrível". Meu estômago se revirava enquanto me sentava nervosamente no processo de orientação. Mais tarde, naquele dia, a equipe do acampamento entregou os resumos dos acampados e sob a seção "deficiência" lá estava, escrito em letras garrafais e temerárias: síndrome de Down.

Minhas mãos tremiam enquanto lia o resumo que me fora dado e tentava me preparar para conhecer o acampado no dia seguinte. Eu me revirei a noite toda, me perguntando por que Deus me colocaria numa situação da qual tinha tanto medo e me sentia tão desconfortável.

Depois do café da manhã e de mais orientação, os acampados começaram a chegar, e cada qual me deixava com mais medo do que eu imaginava. Podia identificá-los, mas não pelo nome – e sim pela deficiência: síndrome de Down, autismo, paralisia cerebral. Era tudo o que eu conseguia ver à medida que os acampados chegavam.

Por fim, meu nome foi chamado e uma menininha desceu da van para a área de recepção. Aproximei-me enquanto o diretor do acampamento me apresentava à minha acampada da semana, Schanna. Não sabia o que dizer além de "oi", mas, antes de falar qualquer coisa, Schanna já me abraçou com uma força que nunca senti antes.

"Mal posso esperar para ser sua melhor amiga nesta semana", disse ela, pegando minha mão e me empurrando para a primeira atividade do acampamento.

Como alguém que acabou de me conhecer pode me amar tão incondicionalmente? Eles não sabiam quais as minhas notas na escola nem quantos amigos eu tinha ou se eu era popular. Eles não sabiam nada do que antes me definira como um ser humano. Naquela noite, toda a insegurança e todo o medo foram derrubados por uma adulta com deficiência e só foi preciso dar a Schanna uma oportunidade de ser minha amiga.

Faz 12 anos desde minha primeira semana no acampamento. Depois daquela semana, minha mãe não teve mais de me arrastar, enquanto eu chutava e gritava. Por vontade própria, participei de mais 30 semanas de acampamento ao longo dos 12 anos, não apenas retornando como voluntária, como também, mais tarde, como interna de verão.

Nos dois verões passados, estive na equipe como diretora-assistente do acampamento e nada me deixa mais alegre do que ver os voluntários de primeira viagem se aproximarem com as pernas trêmulas, os corações palpitantes e ver os obstáculos removidos por uma população que a nossa sociedade em grande parte ignora.

Deus me abençoou para além de qualquer medida por meio do tempo que passei no acampamento. Ele me deu amor e compaixão pelas pessoas que nosso acampamento atende, e tenho certeza de que qualquer um que dê uma oportunidade para uma pessoa com deficiência terá sua vida transformada de uma maneira incrível. Nossos acampados não só me ensinaram a orar e a falar abertamente com Deus, como também me ensinaram a amar incondicionalmente e a compartilhar livremente minha fé com os outros.

No nono capítulo de João, perguntam a Jesus: "quem pecou, este ou seus pais, para que nascesse cego?", e Jesus responde "Nem ele pecou nem seus pais; mas foi assim para que se manifestem nele as obras de Deus".

Sinto-me tão grata por Deus ter permitido que as pessoas nascessem com o que a sociedade chama de "deficiência". Essas pessoas têm o poder de causar um impacto positivo no nosso mundo e influenciar outros a seguirem Cristo. Para mim, elas não são deficientes. Deficientes são pessoas como eu, que duvidam do plano de Deus para suas vidas, que têm medo de falar de Deus para os outros e que têm dificuldade para se mostrarem vulneráveis ao redor. Foram as pessoas que nossa sociedade e até mesmo nossas igrejas ignoram que me pegaram pela mão e me levaram para as promessas de Deus e que mudaram minha vida incontáveis vezes e de maneiras inimagináveis.

Por causa do meu tempo no acampamento e das incontáveis horas que passei servindo adultos com deficiências de desenvolvimento, vou para a faculdade no próximo outono cursar psicologia, tendo por objetivo um dia ser psicóloga de pais que descobrem que seus filhos têm deficiências – seja quando os pais descobrem que os filhos terão um cromossomo extra antes mesmo de nascerem ou quando um pai começa a notar, mais tarde, que seu filho está apresentando sinais de autismo.

Minha paixão e meu sonho são ajudar a dar poder à nossa sociedade não apenas para aceitar deficiências, mas também para servir às pessoas com deficiências e ajudá-las a influenciar para Cristo, uma a uma!

Bailey expressa muito bem a beleza da liderança servil em seu e-mail, não acha? Quando você serve aos outros, seu próprio coração se cura. Uma das minhas maiores alegrias tem sido testemunhar alguém se dar bem ou servindo como um salva-vidas para encorajar ou inspirar outras pessoas. Bailey, a princípio, relutou, mas aprendeu uma lição maravilhosa enquanto trabalhava naquele acampamento. Acho que é uma grande experiência quando um jovem participa da liderança servil como ela fez – seja se voluntariando num asilo, trabalhando com deficientes, seja ajudando num abrigo.

Eu o encorajo a semear boas sementes servindo aos outros. Você pode descobrir, como aconteceu com Bailey, que a vida a ser transformada é a sua própria.

DEZ

Vivendo em equilíbrio

TENTEI FAZER O REVERENDO Billy Graham sorrir no nosso primeiro encontro, mas, aos 92 anos, o famoso evangelista era mais sério. Ele queria falar para meu corpo e minha alma.

Kanae e eu fomos convidados a conhecer o reverendo Graham, em sua casa de campo na Carolina do Norte, por sua filha e também evangelista Anne Graham Lotz, que conheci numa conferência na Suíça, em 2011. Ficamos emocionados ao receber o convite e no mês seguinte fizemos nossa viagem. Nosso entusiasmo aumentou com a beleza do caminho até a cabana da família. Era surreal. Ao subirmos cada vez mais nos montes Blue Ridge, o céu azul ficava mais vibrante e vívido a cada curva da estrada. Parecia ser possível alcançar o Céu.

Talvez fosse a altitude e o ar rarefeito, mas também comecei a me sentir um tanto ansioso, o que é incomum para mim. A ideia de conhecer o reverendo Graham, meu exemplo de evangelista, era assustadora, por causa de suas realizações e seu lugar na história. Ele viajou para 187 países, serviu como conselheiro espiritual para líderes mundiais, orou para bilhões de indivíduos pessoalmente ou pela televisão e levou mais de três milhões de pessoas a aceitarem Jesus Cristo como seu Salvador. Nos últimos cinco anos, a Billy Graham Evangelistic Association lançou um programa de televisão mundial, e, por meio dessa empreitada, mais sete milhões de almas foram acrescentadas a esses números.

Na sua última aparição pública, o ministro conhecido como O Pastor da América falou para mais de 230 mil pessoas. Ela foi planejada para ser a última de suas 418 cruzadas e foi organizada em 2005, durante três dias, em Nova York. Durante sua vida, o reverendo Graham alcançou o mundo por meio de várias plataformas. Admirava especialmente como ele convocava igrejas cristãs de várias denominações para servir a Deus e Seus filhos.

Recentemente, problemas de saúde limitaram suas aparições públicas, mas o reverendo Graham ainda se impõe como personagem internacional. Alguém me lembrou que o presidente Obama dirigiu-se para a mesma montanha para vê-lo alguns meses antes. Isso não ajudou a me acalmar.

Quando o reverendo Graham nos recebeu em sua casa, tentei quebrar o gelo com uma piadinha. Ele sequer sorriu. Na verdade, ele ignorou minha nervosa tentativa de fazer humor.

“Quando Anne me contou que vocês estavam vindo, fiquei muito empolgado porque tenho ouvido falar sobre seu ministério”, disse ele. “O Senhor me acordou às três da manhã para orar por nosso encontro.”

Anne, que estava conosco naquele dia, nos alertou de que seu pai tivera uma pneumonia e outras doenças. Ela disse que ele podia se cansar facilmente, mas, apesar de parecer frágil, ao nos falar sua voz era firme e bastante familiar a alguém acostumado a ouvi-lo.

O reverendo Graham disse que me via como um evangelista da nova geração, um herdeiro de sua missão, e queria me preparar com algumas palavras de sabedoria e estímulo. Ele disse que vivíamos tempos interessantes e que, por mais adversidades que enfrentemos como evangelistas, nosso trabalho era pregar o Evangelho de Jesus Cristo.

Contei-lhe sobre minhas viagens ao redor do mundo, até mesmo a países muçulmanos. Ele me aconselhou a não pregar contra outras religiões e não dizer aos seguidores que qualquer outra religião é errada, e sim "sempre falar com amor e respeito" e que meu único propósito deveria ser compartilhar o Evangelho.

"Sua função é pregar a verdade e a única verdade do Evangelho, sem ter como alvo certas pessoas ou grupos", disse o reverendo Graham. "A verdade é poderosa e libertará os corações".

O reverendo Graham congratulou Kanae e eu por nossos planos de nos casarmos e disse para nos casarmos rapidamente. Depois ele orou por nosso ministério e por nós. Foi um encontro maravilhoso. Conversar com ele foi como conversar com um personagem do Antigo Testamento, como Abraão ou Moisés, porque ele era uma pessoa fundamental em nossa vida espiritual há muito tempo.

O reverendo Graham nos emocionou profundamente com seu humanismo. Ele refletia humildade sobre sua vida enquanto comia biscoitos de chocolate. Ele nos disse que sente falta de sua esposa, Ruth, que falecera em 2007. Disse que seu único arrependimento era não ter memorizado mais as Escrituras e, numa prova de fé, o reverendo Graham disse que deveria ter passado mais tempo aos pés de Jesus, dizendo-Lhe o quanto O ama!

Estou certo de que o reverendo esqueceu mais das Escrituras do que qualquer um de nós e estou igualmente certo de que ele expressa mais o seu amor pelo Senhor do que muitos. Mas esse lendário evangelista, que também falou sobre desejar ter passado mais tempo com sua família, desejava ter feito mais para mostrar sua fé e amor por Deus.

Essas reflexões de um dos meus principais exemplos me inspiraram a fazer alguns ajustes em meu ministério agora que não sou mais um lobo solitário. Já sinto que é difícil ficar longe de Kanae por mais de um ou dois dias. Ela e eu esperávamos ter pelo menos quatro filhos, e quero estar lá quando eles crescerem.

Também gostaria de passar mais tempo com minha família, por isso meu plano é diminuir minhas viagens. Também repassarei minha mensagem por meio de eventos maiores, com grupos de igrejas trabalhando juntas e por meio de redes sociais e da mídia. Já lançamos um programa de rádio para todas as idades e espero um dia transmiti-lo pela internet também.

UM PLANO EQUILIBRADO PARA A VIDA

Ouvir o reverendo Graham refletindo sobre sua longa carreira como evangelista me fez recuar e pensar no que queria me lembrar quando alcançasse idade semelhante na minha vida. Podemos facilmente ser tão surpreendidos pelos desafios cotidianos de ganhar a vida, superar obstáculos, lidar com as circunstâncias ou basicamente sobreviver que podemos negligenciar relacionamentos, crescimento espiritual, uma compreensão mais profunda do mundo e mesmo nossa saúde de longo prazo.

Você e eu não devemos viver com as expectativas de que a felicidade virá *algum* tempo depois de realizarmos *algum* objetivo ou conquistarmos *alguma* coisa. A felicidade deve estar disponível para você a qualquer momento, e a maneira de conseguir isso é viver em equilíbrio espiritual, mental, emocional e físico.

Uma maneira de determinar o equilíbrio que funciona para você é olhar para o fim da sua vida e viver de modo a não ter arrependimentos quando chegar lá. A ideia é criar uma imagem clara do tipo de pessoa que você quer ser ao envelhecer e a marca que você espera deixar, de modo que cada passo da sua jornada o aproxime de onde você quer chegar.

Acredito que, se você cria a vida que quer na sua imaginação, é possível torná-la realidade minuto a minuto, hora a hora e dia a dia. Em vez de um plano de negócios ou uma hipoteca, pense nisso como seu plano de vida. Alguns aconselham que uma maneira de fazer isso é imaginar seu próprio funeral e pensar no que você quer que seus familiares e amigos digam a seu respeito, seu caráter, suas realizações e como você impactou a vida deles. Talvez isso funcione para você, mas não gosto de pensar em deixar meus entes queridos para trás – mesmo se estiver no Céu com Deus.

Em vez disso, prefiro me colocar na posição do reverendo Graham naquele dia em que nos encontramos na sua cabana nas montanhas. Ali estava aquele grande homem quase no fim de uma vida notável na qual fizera tanto da obra de Deus e ainda tinha alguns arrependimentos. Talvez seja inevitável. Poucos conseguem uma vida perfeitamente equilibrada, mas espero que valha a pena tentar. Espero que você também.

Não quero ter arrependimentos, o que talvez não seja possível. Mas farei meu melhor. Então reiniciei o "vivômetro" de Nick com o ponteiro em Equilíbrio. Você pode reservar um tempo para fazer o mesmo se sentir, como eu sinto, que todos precisamos parar agora e examinar em que pontos estivemos, estamos e para onde queremos ir e como se tornar uma pessoa que será lembrada por fazer uma diferença positiva no mundo.

Mesmo sem pernas, passei boa parte dos meus 20 anos a toda velocidade, o que é provavelmente o que você espera de um jovem com um ministério mundial e uma empresa também. Tenho a tendência de carregar o peso do mundo sobre meus ombros. Com minha organização sem fins lucrativos e minha empresa, tenho muita responsabilidade. O reverendo Graham me aconselhou a compartilhar mais do meu fardo e viver uma vida mais equilibrada que gire em torno da minha fé e da minha família. Deus devia estar se manifestando por meio de Seu servo fiel Billy Graham, porque também ouvi aquela mensagem na conferência suíça, onde me encontrei com sua filha.

A VISÃO GLOBAL

Anne Graham Lotz e eu participamos do Fórum Econômico Internacional (FEI) em Davos, em 2011. Eu estava num painel no último evento do fórum, numa sessão chamada "Inspirado por Toda uma Vida". Meus colegas de debate eram indescritivelmente inspiradores. Entre eles estavam o economista alemão, Klaus Schwab, fundador e presidente do Fórum Econômico Mundial, e Christine Lagarde, então Ministra da Economia da França, mas logo depois nomeada para liderar o Fundo Monetário Internacional. Ainda havia dois jovens dínamos da organização Global Changemakers – uma comunidade mundial de jovens ativistas, inovadores e empreendedores – Daniel Joshua Cullum, de Nova Zelândia, e Raquel Helen Silva, do Brasil.

Como alguns já disseram, o Fórum Econômico Mundial às vezes é visto como uma reunião muito seca na qual "homens grisalhos em ternos cinza e com imaginações cinzentas se reúnem para fofocar". Na verdade, é uma reunião de mais de dois mil homens e mulheres, muitos deles líderes em seus campos de atuação, e os tópicos são muito variados. Nossa sessão estava longe de ser seca. Na verdade, todos no painel e na plateia tinham lágrimas nos olhos em algum momento.

Notavelmente, recebi ao menos dois abraços de Christine Lagarde naquele dia! Ela foi muito cálida comigo e disse que eu a inspirava por meio do meu trabalho. Tenho certeza de que meus ex-professores de planejamento financeiro e contabilidade ficariam orgulhosos de ver o aluno deles sendo tão bem tratado pela chefe do Fundo Monetário Internacional. (Você pode assistir à minha apresentação no YouTube. com procurando pelo meu nome e "World Economic Forum". O vídeo da nossa sessão no fórum de 2011 é um dos mais vistos.)

Nossa discussão na Suíça se focou em encontrar maneiras de tornar o mundo um lugar melhor, e nos aprofundamos em questões espirituais também. Anne Graham Lotz lembrou que durante todo o fórum havia um elemento espiritual nele, o que é incomum. O professor Schwab disse, durante o evento, que as respostas para os problemas que o mundo está enfrentando política e economicamente virão da fé, entre as quais ele incluía cristãos, muçulmanos, hindus e budistas.

Anne Graham Lotz mais tarde escreveu em seu website (www.annegrahamlotz.com) que no fórum ela viu "o caminho e a justiça de Jesus abalando os líderes empresariais e econômicos do mundo expondo a ganância e os interesses autocentrados que dominaram a política por décadas. Como resultado, muitos líderes agora parecem abertos à necessidade de valores compartilhados e buscam respostas para além dos tradicionais bastiões do poder e da sabedoria convencional. Estaria Deus permitindo ao mundo encarar problemas que parecem não ter solução humana, por isso os líderes estão olhando para cima? Deus lhes deu sabedoria, ideias e soluções que estão além do conhecimento intelectual se eles se voltarem para Deus".

Como Anne, fiquei emocionado com as discussões abertas sobre o poder da fé em prática nesta reunião de líderes mundiais. Claro que não deixei de notar que era um palestrante convidado no Fórum Econômico Mundial pouco depois de viver minha própria crise financeira. Deus tem mesmo senso de humor, não?

Como mencionei antes, também acredito que Deus estava tentando expressar a mensagem de viver uma vida mais equilibrada no fórum, assim com disse o reverendo Graham em sua cabana alguns meses antes. Na verdade, a mensagem em Davos veio do próprio fundador do FEM. O líder do nosso painel, o professor Schwab, falou sobre o equilíbrio no balanço da vida, o que, ao contrário de um balanço financeiro, deve mostrar que, no fim da sua vida, você deu mais do que recebeu. Christine Lagarde, que sabe alguma coisa sobre balanços financeiros, acrescentou que, mesmo que nossas vidas não estejam equilibradas, podemos fazer uma contribuição para a vida dos outros, ainda que só tenhamos um sorriso ou uma boa palavra para doar.

ENGAJAMENTO TOTAL

Com tantas pessoas sábias falando sobre viver equilibradamente, devemos nos sentir encorajados a encontrar a realização em todos os aspectos da vida – mente, corpo, coração e espírito – de modo que possamos continuar crescendo e prosperando no processo mental, na saúde física, no bem-estar emocional e na força da fé.

Manter um equilíbrio perfeito em todas as quatro áreas provavelmente não é uma meta realista com todas as pressões da vida. Afinal, nossos pobres cérebros podem ficar sobrecarregados, nosso corpo pode se quebrar, as relações vêm e vão e viver de acordo com nossa fé requer vigilância e ajustes constantes. Mas ter consciência de cada elemento e lutar para conseguir o equilíbrio vale a pena. Minha esperança é a de que eu seja capaz de chegar ao fim da minha vida sabendo que fiz meu melhor, por mais imperfeito que eu tenha sido.

Com Kanae na minha vida agora, e com nossos planos de construirmos uma família algum dia, quero me cuidar para o bem daqueles que amo. Não posso mais castigar egoisticamente meu corpo trabalhando demais, sem comer direito nem fazer exercícios. Tenho de manter o controle sobre minhas emoções de modo que possa colocar minha esposa em primeiro lugar, sendo atencioso, encorajador e apoiando as necessidades dela. Mentalmente, quero continuar acumulando conhecimento de modo que possa me igualar a ela e ser uma fonte de sabedoria para nossos filhos. Espiritualmente, bem, essa é uma área crítica para nós dois, uma vez que pretendemos trabalhar juntos como evangelistas cristãos que inspiram e lideram outros para Jesus Cristo, nosso Senhor e Salvador.

Todos temos de decidir o que funciona melhor para nós, o que nos satisfaz, o que nos dá a sensação de controle e felicidade na nossa vida interior e exterior. Se você se sente fora de sincronia, paralisado, desmotivado ou não amado, então talvez precise voltar a se alinhar. Reflita sobre sua vida e pense se você tem prestado atenção o bastante a cada área dela. Depois, planeje resolver tudo o que você tem negligenciado nos planos físico, emocional, mental e espiritual.

Algumas coisas para ter em mente ao buscar o equilíbrio.

1. Você é único, por isso deve determinar o que "equilíbrio" significa para você com base em suas circunstâncias, relacionamentos e necessidades. Uma pessoa solteira com certeza terá critérios diferentes de alguém casado ou que tenha uma família. À medida que suas circunstâncias e situação mudarem, seu equilíbrio provavelmente também mudará. O importante é ter consciência da necessidade de manter a harmonia em todos os aspectos da sua vida e se preparar para fazer ajustes quando necessário.
2. Manter o equilíbrio não tem a ver com manter o controle. Você não pode controlar todos os aspectos da sua vida, assim como não pode controlar todos os motoristas e todos os carros que estão na mesma estrada que você. O melhor que você pode fazer é permanecer alerta a todas as possibilidades e ser flexível e inteligente em suas reações.
3. Não sinta que tem de fazer isso sozinho. Australianos e norte-americanos em particular sofrem com o complexo do herói ou policial solitário. Meus pais gostarão disso porque seu filho Nick não era a melhor pessoa no que diz respeito a compartilhar sentimentos e ouvir seus conselhos quando jovem. Em geral, tinha de fazer as coisas do meu modo, o que me fez aprender várias lições da maneira mais difícil. Você provavelmente cometerá os mesmos erros, mas pelo

menos esteja aberto à possibilidade de que aqueles que se importam com você tenham alguns conselhos que valem a pena ser ouvidos. Pense que talvez eles não estejam tentando controlá-lo. Em vez disso, podem estar tentando ajudá-lo. Ouvi-los não é um sinal de fraqueza ou dependência. É um sinal de força e maturidade.

4. Aproveite suas dádivas e paixões. As pessoas mais equilibradas, estáveis, felizes e realizadas que conheço são aquelas que construíram suas vidas em torno do desenvolvimento contínuo e da expressão total de seus talentos e interesses. Eles não têm trabalhos ou carreiras. Eles têm uma paixão e um objetivo. Eles são totalmente engajados. Se você faz o que ama e ganha a vida assim, jamais terá de trabalhar um só dia de sua vida, e a aposentadoria será para os outros.
5. Quando você não estiver conseguindo o que quer, tente doar-se. Não consegue férias, por que não dar férias? Se ninguém está se aproximando de você, aproxime-se de alguém cujas necessidades sejam maiores do que as suas. Tire o foco de seus problemas e ajude alguém a lidar com os problemas dele. O que você tem a perder além da autopiedade? Às vezes a melhor maneira de curar seu corpo, mente, coração e espírito é servir como fonte de consolo e apoio para alguém ao seu redor. Doar-se para alguém pode significar se doar para si mesmo.
6. Viva num estado constante de gratidão e ria sempre que possível. Haverá dias nos quais a vida parecerá colocar um obstáculo após o outro à sua frente. A melhor maneira de escapar disso é se elevando sobre os problemas. A gratidão e o bom humor elevam a vida. Em vez de amaldiçoar os obstáculos que o atingem, agradeça a oportunidade de enfrentar os desafios e amadureça. Do contrário, simplesmente agradeça a Deus por outro dia e a oportunidade de fazer a diferença, de dar outro passo à frente, de rir com os que se ama.

PARA TUDO HÁ UMA ÉPOCA

Estamos todos conectados. Todos temos as mesmas necessidades humanas básicas de amar e ser amado. Queremos servir a um propósito e saber que nossas vidas têm valor. Viver em equilíbrio significa também viver em harmonia com os outros, o que pode exigir que se abdique de si mesmo para compartilhar algo maior – uma vida mais repleta.

Fui solteiro durante tanto tempo que, quando finalmente encontrei uma relação de amor, tive de fazer alguns ajustes rápidos. Queria compartilhar minha vida com alguém, mas de certo modo não estava preparado para o que aquilo realmente significava. Desequilibrei-me porque minha vida não era mais apenas minha. Era como ter outra pessoa dentro da sua canoa. De repente, tudo muda. Você tem de ajustar sua posição. A carga é maior, por isso você tem de remar com mais força. Agora é uma questão de trabalhar junto para conseguir o que ambos querem ao mesmo tempo em que se mantém o barco no rumo.

De repente, os desejos, necessidades e sentimentos de Kanae são levados em consideração. O que é importante para ela se tornou importante para mim. Nossas relações estão entrelaçadas. Agora minhas prioridades são Deus, Kanae, nossa família e amigos, e tudo o mais, nessa ordem.

Meu objetivo, que eu espero que você compartilhe comigo, é sempre pôr minha fé imbatível em prática de modo que o amor de Deus em meu coração esteja óbvio na maneira como trato e sirvo a minha esposa e todos os demais na minha vida. Ter fé não basta. Você precisa exercitar sua fé, agir de acordo com ela e compartilhá-la para que os outros se inspirem a amar a Deus como você.

Algumas pessoas conhecem a Palavra de Deus e vão à igreja, mas elas não conhecem o poder do Espírito Santo. Elas não têm uma relação pessoal com o Senhor, algo que só surge quando você dá o primeiro passo e põe sua fé em prática. Aprendi que sempre que vivo para honrar Deus e servir aos outros, Ele multiplica as bênçãos.

Sou extremamente abençoado por ter uma equipe e diretores maravilhosos na Life Without Limbs. Eles me encorajam, oram por mim e são usados por Deus para me manter com os pés no chão. Tenho meu tio Batta Vujicic, que foi fundamental na crença de que o Senhor realmente me chamou para ser uma embarcação a Seu uso. Ele viu isso há dez anos e foi usado pelo Senhor para ajudar a estabelecer uma base e sede nos Estados Unidos, juntamente com outros membros do corpo diretor: David Price, Don McMaster e o reverendo Dan'l Markham. Sou abençoado por ter pessoas que acreditam no ministério da Life Without Limbs. Elas não apenas oram por nós, como também nos dão apoio financeiro para nos ajudar a servir e inspirar milhões de pessoas ao redor do mundo.

Muitas pessoas me apoiam com suas orações, o que tem sido uma grande fonte de força e encorajamento. O tio Batta teve uma visão que me encorajou, e eis uma descrição dela:

> Há vários anos, Nick veio à nossa casa para se juntar ao nosso círculo familiar e relaxar. Depois do jantar, passamos boa parte da noite planejando novas visões de ministério e atividades. Foi naquela noite, depois que Nick voltou para sua casa, que tive um sonho muito real e vívido.
>
> Quando acordei, compartilhei minha experiência com minha esposa, Rita. Na minha visão, eu estava numa enorme fila quando uma pessoa qualquer se levantou e, agressivamente, me perguntou: "Quem é Nick Vujicic?". Sem pensar, minha resposta instantânea foi: "Procure em Atos 9:15".
>
> O cenário se repetiu, mas era outra pessoa na fila que me perguntou a mesma coisa com a mesma voz alta e insistente: "Quem é Nick Vujicic?".
>
> Eu repeti minha resposta: "Procure em Atos 9:15".
>
> Depois de contar meu sonho para minha esposa, perguntei se ela sabia qual era esta passagem em Atos 9:15. Nenhum de nós sabia o que continha no versículo, por isso pegamos a Bíblia e a abrimos no livro de Atos, 9:15. Eis o que as Escrituras dizem: "Disse-lhe, porém, o Senhor:

Vai, porque este é para mim um vaso escolhido, para levar o meu nome diante dos gentios, e dos reis e dos filhos de Israel".

No domingo seguinte, compartilhei minha visão com nossa congregação da La Puente Church como um testemunho do ministério de Nick e seu envolvimento na disseminação do Evangelho de Jesus Cristo e Seu Reino. Dei meu testemunho dessa visão e continuarei a fazê-lo com a crença de que Nick é o vaso escolhido pelo Senhor. É evidente que a realização da Grande Empreitada de Nick está na essência da Life Without Limbs, e está alinhada com as ordens do nosso Senhor como ditas em Marcos 16:15: "Ide por todo o mundo, pregai o evangelho a toda criatura".

Mais tarde, um relato parecido está em Apocalipse 14:6-7: "E vi outro anjo voar pelo meio do céu, e tinha o evangelho eterno, para o proclamar aos que habitam sobre a terra, e a toda a nação, e tribo, e língua, e povo. Dizendo com grande voz: Temei a Deus, e dai-lhe glória; porque é vinda a hora do seu juízo. E adorai aquele que fez o céu, e a terra, e o mar, e as fontes das águas". E também em Marcos 13:10: "Mas importa que o evangelho seja primeiramente pregado entre todas as nações".

A visão que tive há vários anos e a incrível prova de que o Senhor abre incontáveis portas para Nick declarar a Boa Nova continua sendo um estímulo para mim. Enquanto o Senhor me orientar, vou continuar dando apoio a Nick e ao ministério de Life Without Limbs, tanto como irmão quanto como diretor da organização sem fins lucrativos, desde que tenha certeza de que ele não compromete as verdades doutrinais e que não está pondo em risco a posição de ser um vaso escolhido por Deus – e desde que ele permaneça fiel, transparente, sincero, humilde e dócil.

Como você pode ver, o tio Batta me ajuda a me manter focado no meu propósito e garante que eu coloque minha fé em prática. Ao passar pelas portas da oportunidade para compartilhar o amor e a esperança, minha vida se torna mais exuberante, feliz e realizada. Falando em escolas, empresas, seminários, conferências e congressos de países, ou para órfãos, ex-escravos sexuais ou presidentes, sempre me perguntam: "Mas como você consegue? Como você superou a depressão e qual a base da esperança que você encontrou?".

Minha vida gira em torno da minha fé e dos ensinamentos contidos nas Escrituras. Eis a fonte da minha confiança, do meu sistema de crenças, minha determinação, persistência e resistência. Com a fé guiando meus feitos, posso encontrar equilíbrio de mente, corpo, coração e espírito.

Sempre que preciso de inspiração para agir de acordo com minha fé, penso nos meus avós sérvios que foram perseguidos por suas crenças cristãs. O governo comunista não permitia que eles orassem livremente. Para viver na fé, eles tiveram de fugir de seu país natal, e foi assim que acabei crescendo na Austrália. Meus avós estão no Céu agora, tenho certeza, mas tive a oportunidade de ouvir os conselhos deles quando estavam aqui.

O pai do meu pai sempre me disse para "crer e ser disciplinado" na minha fé. Ele se referia ao Salmo 1:3, que diz: "Pois será como a árvore plantada junto a ribeiros de águas, a qual dá o seu fruto no seu tempo; as suas folhas não cairão, e tudo quanto fizer prosperará". Quando você tem raízes firmes na fé, você é imbatível.

O pai da minha mãe me encorajou da mesma maneira que o reverendo Graham. Ele disse: "Pregue o Evangelho, não acrescente nem tire nada dele". Ele também acreditava que a verdade de Deus nos liberta.

Sou abençoado por ter nascido numa família tão sábia e espiritualizada. Com o apoio contínuo deles, quero ser imbatível em inspirar as pessoas falando sobre o amor e a esperança que encontrei na minha fé e sobre os maravilhosos resultados que vi ao colocar a fé em prática. Espero que você tenha tirado forças e se inspirado com este livro. Jesus me dá força. Ele me usa para Seu objetivo. Minha vocação é encorajar os outros a encontrar seus propósitos de vida e, se possível, ajudá-los a encontrar um caminho para a felicidade eterna. Sei que Deus ama o mundo. Ele o ama tanto que garantiu que você lesse este livro para que se sentisse encorajado por ele! Amo você e oro por você. Obrigado por seu amor e suas orações.

Agradecimentos

ANTES DE MAIS NADA, agradeço a Deus: Pai, Filho e Espírito Santo.

As palavras são incapazes de expressar minha alegria de poder agradecer a minha esposa, Kanae, por todo o amor, cuidado e orações que ela me dá em abundância. Eu te amo, *mi* amor!

Gostaria de agradecer a meus pais, Boris e Dushka Vujicic, por serem pilares de apoio ao longo da minha vida. Obrigado, mamãe e papai. Meu irmão, Aaron, meu padrinho de casamento – agradeço a você e sua esposa, Michelle, por me amarem e me manterem com os pés no chão. Michelle, minha irmã – obrigado por acreditar em mim e nos meus sonhos. Para a nova família que agora tenho, os Miyahara e Osuna, minha sogra, Esmeralda, meus novos irmãos Keisuke, Kenzi e Abraham, e minha nova irmã Yoshie – obrigado por me amarem e me aceitarem em sua família.

Obrigado, novamente, a meus parentes e amigos que, ao longo dos anos, me apoiaram e me deram coragem a cada passo do caminho – todos fizeram sua parte, e eu os agradeço. George Miksa – oro para que o Senhor continue cuidando de você, liderando-o e o abençoando por me ajudar com a sede da Life Without Limbs nos Estados Unidos.

Obrigado ao corpo diretor da Life Without Limbs e suas famílias: Batta Vujicic, David Price, Dan'l Markham, Don McMaster, Terry Moore e Jon Phelps. Obrigado também ao corpo de conselheiros da Life Without Limbs. Muito obrigado à fiel e diligente equipe da Life Without Limbs. Continuem com o ótimo trabalho. Obrigado a Ignatius Ho, que ajuda a dirigir a filial da Life Without Limbs em Hong Kong. Obrigado à Igreja Cristã Apostólica do Nazareno, principalmente Pasadena, por seu apoio. Obrigado ainda à equipe da Attitude is Altitude por me apoiar, orar por mim e acreditar em mim.

Gostaria de agradecer especialmente a Wes Smith e sua esposa, Sarah, por seu apoio. Wes, não podia ter pedido por um parceiro de texto melhor. Tenho muito orgulho dos dois livros que escrevemos até agora.

Obrigado novamente às minhas agentes literárias, Jan Miller Rich e Nena Madonia, da Dupree Miller & Associates, que tiveram fé em mim e no meu objetivo desde o início. Também agradeço à minha editora WaterBrook Multnomah, uma divisão da Random House, e sua incrível equipe, incluindo Michael Palgon, Gary Jansen, Steve Cobb e Bruce Nygren, que me encorajaram e me deram apoio.

Por fim, mas não menos importante, obrigado a todas as pessoas que oram por mim, minha esposa, nosso ministério e aqueles que nos apoiam financeiramente. Muito obrigado por nos ajudar a realizar nossos objetivos na Life Without Limbs.

Minha bênção a todos os que leram este livro. Oro para que minhas palavras abram suas mentes e corações de uma forma nova e dinâmica, levando-o a pôr sua fé em prática e inspirando outros a fazerem o mesmo.

Sobre o autor

Nick Vujicic é autor best-seller em muitos países e também do *The New York Times*, evangelizador, palestrante motivacional e diretor da Life Without Limbs, uma organização que ajuda a difundir a mensagem de esperança em Cristo pelo mundo afora. Nick é, no mundo todo, uma inspiração nas multidões e na mídia devido à sua atitude positiva diante da superação de obstáculos e a realização de sonhos. Ele viveu por muito tempo na Austrália e, atualmente, reside no sul da Califórnia com sua esposa, Kanae, e o filho, Kiyoshi.

Eu tremendo de frio e também de entusiasmo no píer de Santa Mônica em outubro de 2010. Estava produzindo e cantando a música “Something More”.

Gostei de surfar desde a primeira vez e de ouvir dicas de Bethany Hamilton.

Em Surat, na Índia, em 2008, durante cinco dias, 350 mil pessoas vieram me ouvir e 80 mil decidiram caminhar ao lado de Jesus. Esta foto mostra uma multidão de 110 mil pessoas – a maior para a qual já falei.

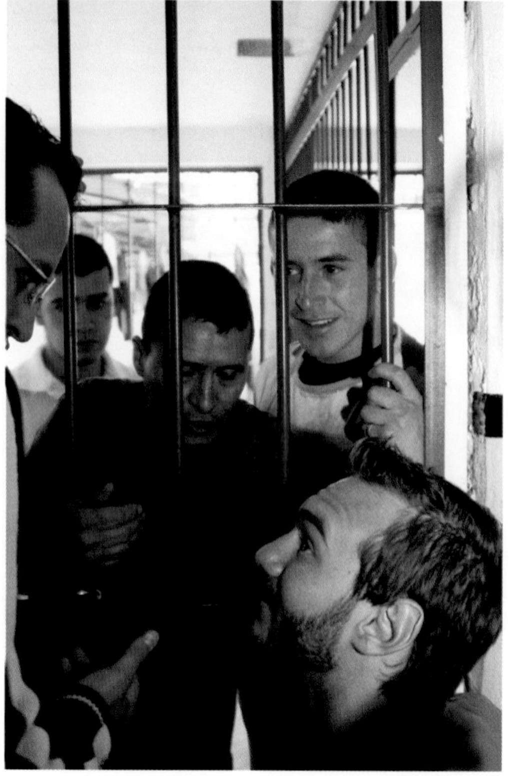

Num momento emocionante na Colômbia, em 2008, o cara que me encarava me explicou que foi sentenciado a 25 anos de prisão, mas que a aids tomaria sua vida antes. Com alegria no seu rosto, ele me contou que encontrou Jesus e que eu deveria sair e contar ao mundo que "este homem está livre e cheio de felicidade".

Na mesma viagem à Índia e na mesma cidade, visitamos uma escola. Adorei jogar um pouco de futebol com as crianças, mostrar-lhes como escrevo com a boca e depois fazer um curto discurso.

Sempre quis ver a esfinge e as pirâmides de Gizé. Os egípcios me deram acesso exclusivo porque sabiam que eu não colocaria a mão em nada.

Aqui estou na Muralha da China. Que legal eliminar um dos objetivos de vida!

Adoro as interações inocentes e transparentes que tenho com as crianças pelo mundo.

Na China, conheci vítimas do terremoto de Sichuan e este jovem me desafiou a correr com ele pelo palco. Falar para as milhares de pessoas que perderam tudo no terremoto foi uma honra. Saí tocado e inspirado pela força delas.

Tive uma ótima conversa com este cara e o abracei, em Nova York, na rua que tem sido sua casa há anos.

Não há *nada* como ouvir as profundezas de uma alma chorando de alívio por realmente haver esperança para sua situação... e que alguém se importa.

Todos precisamos de esperança e inspiração. Estou num asilo dizendo a esta mulher que tenho ciúme dela porque ela está mais próxima da linha de chegada.

Esse foi um dos dias mais transformadores que já vivi. Passei algum tempo com estas mulheres e ouvi suas histórias de sequestro e escravidão sexual. Também ouvi como o Senhor Jesus mudou tudo para elas e nelas.

Não posso assinar com minha boca por muito tempo, pois sinto meus dentes rangendo, mas, quando faço, sei que as pessoas têm um presente para ajudá-las a nunca se esquecerem de um dia de inspiração.

Meu movimento típico! Adoro ouvir o silêncio da multidão quando me levanto.

Adoro Daniel – como ele é um campeão! Visitei sua escola e encorajei seus educadores a mantê-lo academicamente no mesmo nível de seus semelhantes. Descobri que Daniel estava até mesmo superando seus colegas de classe em várias áreas.

O que posso dizer? A menina mais linda da Índia!

No dia 12 de fevereiro de 2012, dissemos "sim", nos tornamos sr. e sra. Vujicic e fomos unidos num amor inacreditável. Kanae é a maior dádiva que recebi, depois da minha salvação e do meu relacionamento com Jesus! Eu te amo, linda!